Endstation Bore-out

Mir war wichtig, die Erlebnisse so authentisch wie möglich zu schildern. Aus rechtlichen Gründen und zum Schutz von Personen wurden Namen, Unternehmen, Orte und Handlungen verfremdet.

LARS GULDENBACH

Endstation Bore-out

Ein Reisebericht

Bibliografische Information der Deutschen Nationalbibliothek

Die Deutsche Nationalbibliothek verzeichnet diese Publikation
in der Deutschen Nationalbibliografie; detaillierte bibliografische
Daten sind im Internet über http://dnb.d-nb.de abrufbar.

© 2017 Lars Guldenbach

Satz, Herstellung und Verlag:

Lektorat: Kerstin Neef

BoD - Books on Demand

ISBN 978-3-7448-3994-5

Inhalt

„Etwas liegt verborgen. Gehe und finde es.
Gehe los und schau nach hinter den Bergen.
Etwas wurde hinter den Bergen verloren.
Es liegt dort vergessen und wartet auf dich. Geh!"

(Rudyard Kipling)

Kapitel 1:
Reise nach Nepal

Tag 1

Oktober 2016. Ich mache mich auf nach Nepal. Um 17 Uhr, nach einem gemütlichen letzten Sonntag in Köln, bringt mich mein Mann Simon zum Hauptbahnhof. Der ICE nach Frankfurt kommt pünktlich und wir verabschieden uns lange am Bahnsteig. Die kommenden drei Wochen werde ich für mich nutzen, um zu mir selbst zu finden. Ich bin über die Jahre krank geworden aufgrund von Langeweile am Arbeitsplatz. Dies führte bei mir in einem schleichenden Prozess zu Frust und schließlich zu einer handfesten Depression. Immer wieder höre ich die Stimmen meiner Hausärztin und meiner Psychologin, die auf mich einreden.

»Sie brauchen etwas Sinnstiftendes in Ihrem Leben.«

»Schauen Sie, dass Sie wieder den Anschluss finden und Struktur in Ihren Alltag bekommen.«

»Sie sind ein kreativer Mensch, nutzen Sie Ihre Stärken. Sie haben zu viel Zeit mit uninteressanter und sinnfreier Arbeit verbracht. Sie wurden krank durch Langeweile. Sie haben ein Bore-out!«

Ich verdrücke ein paar Tränen, als ich meinen Schatz so einsam auf dem Bahnsteig zurücklasse. Meine Reise zu mir selbst beginnt, langsam rollt der ICE über die Hohenzollernbrücke.

Nicht nur die Landschaft zieht an mir vorbei, sondern auch Erinnerungen an die letzten schmerzhaften Monate. Ich habe ein Bore-out. Die chronische Langeweile und mein Desinteresse am Job haben meiner Psyche arg zu schaffen gemacht. Der Ausbruch der Krankheit vor fast einem Jahr, das Unverständnis meiner Vorgesetzten und die Schuldzuweisungen im Büro. Ich sei faul und ließe die anderen im Stich. Vielmehr fühlte ich mich nutzlos, nicht gefordert, weil ich nicht arbeiten konnte und durfte. Später die nervenaufreibenden Verhandlungen mit Anwalt und Arbeitgeber, um eine einvernehmliche Trennung zu erreichen. Dann die zaghaften ersten Schritte mit psychologischer Betreuung, um wieder Fuß zu fassen und vor allem den Mut zu finden, mich auf einen neuen Weg einzulassen.

Schlimm war auch, dass ich das Gefühl hatte, meine Probleme vor meiner Familie und meinen Freunden geheim halten zu müssen. Wenn überhaupt, dann habe ich nur ausgewählten engen Freunden davon erzählt. Meine Eltern wissen bis heute nicht, was wirklich los war, vermutlich würden sie es auch nicht verstehen. Bore-out? Krank durch Langeweile? Ein Affront in unserer Leistungsgesellschaft. Schämen sollte ich mich. Wo habe ich mich da nur hineinmanövriert?

Schon ewig fühlte ich mich antriebslos, war ständig müde und niedergeschlagen. Ich war abends so ausgelaugt, als hätte ich den ganzen Tag unter Hochleistungsdruck gestanden. Keiner konnte mir helfen. Was sollte ich tun? Ich war am Ende nur noch die Hülle meiner selbst. Ausgetrocknet. Ich habe viele Monate gebraucht, mich selbst zu verstehen und mich von meinen Schuldgefühlen zu befreien. Nun habe ich die Diagnose, aber mir fehlt noch die Erkenntnis. Und was bringt mir die Zukunft? Was bringt mir diese Reise? Ich habe Angst. Ich bin voller Fragen und registriere die an mir vorbeiziehende Landschaft und die unzähligen Tunnel überhaupt nicht. Ich bin immer noch wie betäubt und wieder schießen mir die Tränen in die Augen. Scheiße.

Ehe ich mich versehe, muss ich auch schon am Frankfurter Fernbahnhof aussteigen. Ich habe Simons mittleren Koffer dabei, dazu einen Rucksack und meine braune Coach-Tasche. Ich krame eine Karte von meiner Psychologin aus dem Portemonnaie. Darauf ist ein Wegweiser zu sehen, links zeigt er in Richtung *Unglück / Weiter wie bisher*, rechts geht es zum Glück.

Ich erinnere mich an ihre Worte, als sie mir die Karte überreichte:»Aller Anfang ist schwer, Herr Guldenbach, aber Sie schaffen das! Lassen Sie sich auf das Land und die Leute ein.« Also dann: Auf geht´s!

Am Frankfurter Flughafen finde ich auf der Anzeigetafel meinen Flug mit der Oman Air nach Muscat, Terminal 2D. Der Checkin verläuft problemlos und ich erhalte zwei schicke Bordkarten. Ich werde zu Sitzplatz 10 J geführt, obwohl ich im Internet Fensterplatz 10 A gebucht habe.

Jetzt bloß nicht rumzicken, du Reisediva.

Nach dem Security-Check gehe ich in die Lounge von Japan Airlines und nutze die Zeit, um mich telefonisch von meinen Eltern zu verabschieden. Sie wissen weder von meinem Boreout noch davon, dass ich den Job gekündigt habe. Vor meiner Abreise habe ich Ihnen erzählt, dass diese Reise eine Art Prämie meiner Firma sei. Sie würden sonst nicht verstehen, warum ich alleine drei Wochen unterwegs bin. Kurze Zeit später ist auch schon das Boarding für den Flug WY114, ich betrete zum ersten Mal eine Maschine der Oman Air.

Depression hin oder her, ich freue mich jedes Mal aufs Neue wie ein kleines Kind auf das Einsteigeprozedere und den anschließenden Service in der Kabine. Ich reise einfach so gerne und genieße dies trotz traurigem Gesamtgefühl.

Wenn ich auf die letzten Monate zurückblicke, stelle ich fest, dass die Talsohle hinter mir liegt und es nun langsam wieder bergauf geht. Irgendwie sehe ich diese Reise auch als eine Art Entschädigung für das, was ich in den vergangenen Jahren erlitten habe. Ich hatte viele professionelle Helfer an meiner Seite und es liegt eine Menge harter Arbeit hinter mir. Aber ich weiß trotzdem nicht, was mich in den nächsten Monaten erwartet. Oder was ich mir von dieser Reise verspreche und welche Erkenntnisse ich hieraus werde ziehen können. Von meiner Achtsamkeitstrainerin habe ich den Rat erhalten, alles genau zu beobachten und im Hier und Jetzt zu leben. Also dann: Ich werde versuchen, wieder den Moment zu genießen, denn das habe ich in den vergangenen Jahren verlernt.

Während der Captain bekannt gibt, dass unsere Flugzeit nach Muscat kurze sechs Stunden beträgt, werfe ich einen Blick in die Speisekarte. Als Vorspeise wähle ich traditionelle arabische Mezze. Sie werden serviert auf edlen Porzellantellern mit Goldrand, dazu erhalte ich hochwertiges Tafelsilber. Die Aubergine schmeckt leicht rauchig und nach einem Hauch Knoblauch. Sensationell, besser können Mezze gar nicht zubereitet werden! Dazu erhalte ich eine Auswahl kleiner Brötchen, wie es sie damals beim Bäcker im kleinen Ort meiner Eltern gab. Ich wähle zum ersten Gang einen Chardonnay. Unfassbar, dieser Luxus an Board. Leisten kann ich mir das nur, weil ich in meinem letzten Job so viel verdient habe. Zuletzt dienten meine Reisen allerdings bloß noch dazu, mich zu betäuben. Ich war jahrelang so unterfordert und gelangweilt, dass ich darüber erkrankt bin. Jetzt habe ich die Quittung: Bore-out. Ich bin krank geworden durch Langeweile in meinem hochbezahlten Job.

Als Hauptgang gibt es Boeuf Bourguignon, dazu ein Glas Shiraz. Ich blicke hinaus in den Nachthimmel, sehe das Blinken des Flugzeuges und rieche nachdenklich an dem köstlichen Wein. *Mensch, Lars, du hast es doch echt gut. Wie konntest du es nur so weit kommen lassen?* Andere würden sagen, dass ich einen echten Traumjob hatte. Ich bekam viel Geld fürs Nichtstun. Ein paar Stunden arbeiten, danach jede Menge Zeit, um im Internet zu surfen und private Dinge zu erledigen. Aber das machte mich mürbe, mir fehlte eine sinnstiftende und befriedigende Arbeit. Vielleicht ist es letztlich sogar gut, wie alles gekommen ist. Ohne den totalen Zusammenbruch hätte ich vermutlich nie etwas verändert. Ich werde mich also endlich der Zukunft stellen, auch wenn ich noch nicht so recht weiß, welcher. Der Steward bringt mir zum Nachtisch eine große Käseplatte. Nein, Frustessen ist es nicht, ich genieße einfach nur gerne.

Tag 2

Wir landen um 5.15 Uhr Ortszeit in Muscat, von wo aus ich die Anschlussmaschine nach Kathmandu nehme. Als Transitpassagier geht es zügig durch die Immigration. Hier ist technisch alles auf dem neuesten Stand, alles wird elektronisch eingelesen. Ich betrete die Signature Lounge der Oman Air. Himmel, ist die groß! Aber ob der Uhrzeit habe ich kein besonderes Interesse an all den Köstlichkeiten, die mir hier offeriert werden. Zunächst suche ich eine Dusche auf, wo ich mich in aller Ruhe frisch machen kann. Man teilt mir die Behindertentoilette zu. Naja, irgendwie bin ich ja auch gerade ein bisschen behindert.

Nachdem ich geduscht und eine Cola Light getrunken habe, geht es mir schon viel besser. Ich erhalte sogar eine kostenlose Ganzkörpermassage mit Hot Stones. Doll! Und statt der eigentlich vorgesehenen fünfzehn Minuten gibt die freundliche und motivierte Lady alles, und ich genieße hier fünfundzwanzig Minuten lang eine angenehm warme Druckpunktmassage durch meine Kleidung hindurch.

Nach einem kleinen Spaziergang durch den Duty-free-Bereich steht schon das Boarding für den Weiterflug nach Kathmandu an. Am Gate herrscht ein Riesenchaos. Egal, ich bin ja entspannt und reihe mich in die Schlange ein. In der vollen Business-Class sitze ich auf Platz 2 A. Ich werde an frühere Fernreisen erinnert. An schöne, traumhafte Urlaube, die ich zusammen mit meinem Mann in den letzten Jahren gemacht habe. Bei den bequemen Sitzen muss ich an den Rückflug von Honolulu nach San Francisco denken. Und das heiße Tuch und die köstliche Limonade wecken Erinnerungen an einen Flug mit Qatar Airways.

In meiner täglichen Bürolangeweile habe ich unsere Touren ausführlich auf Exceltapeten geplant. Diese Reisen waren wie eine Droge für mich. Eine kurze Betäubung – weg von zu Hause, weg von meinem todlangweiligen Job, weg von den sinnlosen Projekten und Meetings. Mein Mann hat einen sehr stressigen Job, doch im Gegensatz zu mir kam er immer wunderbar erholt von unseren Urlauben zurück nach Köln. Bei mir hingegen verpuffte die Erholung jedes Mal, sobald ich das Büro wieder betrat. Meine Batterie konnte nicht mehr aufgeladen werden.

Neben mir sitzt ein Mönch, ein freundlicher und sehr gebildeter Herr. Während wir unser Hähnchen Biryani genießen, unterhalten wir uns über viele hochinteressante Themen. Am Ende gibt er mir seine Adresse, für alle Fälle.

Als ich aus meinem Mittagsschläfchen erwache, fliegen wir am Himalaya entlang. Ein Träumchen. Beim Blick aus dem Fenster spüre ich eine Zuversicht in mir: Ja, hier werde ich das finden, was ich suche. Die Sonne strahlt vom stahlblauen Himmel auf die wunderschöne Bergkulisse. Kurze Zeit später eröffnet das wolkenfreie Kathmandu-Tal atemberaubende Blicke. Wir landen pünktlich in Kathmandu und ich gehe langsam in die Begrüßungshalle. Dort entdecke ich einen Herrn, der ein Schild mit der Aufschrift »Mr Lars Guldenbach« in die Höhe hält. Erleichterung stellt sich bei mir ein nach der langen Reise. Der freundliche Mann stellt sich mir als mein Guide Jinpa vor, legt mir einen cremefarbenen Schal um den Hals und begrüßt mich mit einem freundlichen »Namasté! Herzlich willkommen in Nepal!«. Wie süß.

Jinpa erklärt mir auf fließendem Deutsch, dass das Wort *Namasté* aus dem Sanskrit stammt. Es bedeutet wörtlich übersetzt »Verehrung dir«, frei übersetzt »Das Göttliche in mir grüßt das Göttliche, das ich in dir sehe.« Es gilt also als ein Zeichen höchsten Respekts vor dem Gegenüber und drückt aus, dass das Göttliche zu jeder Zeit, überall und in jedem schlummert. Die dazugehörige Grußgeste, das Zusammenbringen der Hände vor der Brust bei leicht gebeugtem Kopf, steht für die Verbindung der beiden Gehirnhälften. Dabei wird unsere Energie im Herzen zentriert. Wie beim Yoga richtet sich das Bewusstsein in diesem Moment auf das Innerste – man ist im Hier und Jetzt. Ich bin von dieser Erklärung ganz entzückt, denn im Grunde genommen ist das nichts anderes als gelebte Achtsamkeit.

Wir fahren etwa vierzig Minuten bis zum *Summerhill Guesthouse*, das im Stadtteil Patan auf einem leichten Hügel liegt. Ich bekomme ein schönes helles Zimmer auf der zweiten Etage mit eigener Dachterrasse. Insgesamt werde ich hier drei Tage verbringen, anschließend geht es weiter in einen Nationalpark, wo ich hoffe, einen Tiger zu erblicken. Und danach freue ich mich auf zwei intensive und entspannende Wochen Ayurvedakur. So habe ich meine Route zusammengestellt und bin ganz gespannt, was mich in den kommenden Wochen erwartet.

Das Schloss meiner Zimmertür ist riesig und lässt mich an eine Tür zum Kerker denken, aber das ist traditionell nepalesisch. Ein altes Vorhängeschloss ziert den gewaltigen Riegel. Wunderbar. Ich bestelle mir etwas zu trinken und packe meine Sachen aus, darunter mein Laptop und eine große Kladde. Darin befinden sich alte Aufzeichnungen und Tagebuchzettel der vergangenen fünfzehn Jahre. Ich will meine Reise auch dazu nutzen, all diese Erinnerungen zu sortieren und auf meinem Laptop festzuhalten. Ich hoffe, mit mir ins Reine zu kommen, wenn ich mir alles von der Seele schreibe. Vielleicht kann ich so besser verstehen, was in der Vergangenheit geschehen ist. Doch momentan blicke ich noch eher skeptisch auf den Wust von Papieren, lege erstmal alles beiseite und packe das Laptop ganz hinten in den Kleiderschrank. Nach einer kurzen Dusche falle ich todmüde ins Bett und penne zwei Stunden.

Mit Mühe raffe ich mich auf zum Abendessen. Ich bestelle eine leckere hausgemachte Gemüsesuppe mit Julienne artig geschnittenen Streifen von Möhre, Porree und Weißkohl. Dazu gibt es jede Menge Toasties mit Tomate und Käse sowie hausgemachte Fritten – köstlich! Eine Flasche *Everest* Bier tut jetzt richtig gut. Später auf meinem Zimmer telefoniere ich mit Simon über WhatsApp, während ich auf der Terrasse sitze und über das nächtliche Kathmandu blicke.

Tag 3

Ich habe geschlafen wie ein Stein, der Übermüdung sei Dank. Der Lärm der Stadt hört gegen 23 Uhr mit einem Schlag auf, dann werden die Bürgersteige hochgeklappt. Es beginnt die Zeit der Hunde: Jeder, der etwas zu sagen hat, beteiligt sich mit munterem Gebell. Jedoch empfinde ich zu meinem eigenen Erstaunen das Gekläffe nicht als nervig.

Hier denke ich mir: *Ach wie süß, das ist bestimmt der kleine Dicke von nebenan, der hat ja heute viel zu erzählen.*

Zu Hause wäre meine Wortwahl gedanklich weniger freundlich: *Schnauze, du verdammte Töle!*

Bereits um 7 Uhr bin ich wach und erholt. Ich hoffe, in Köln kann ich bald auch wieder so früh und fit aus der Kiste krabbeln, denn so habe ich eindeutig mehr vom Tag! Durch mein Bore-out bin ich seit Monaten immer total müde und erschöpft. Obwohl ich tagsüber überhaupt keinen Stress hatte, war ich ständig matt und ausgelaugt. Ich fühlte mich faul und gab mich mangels Energie dieser Faulheit hin. Am liebsten auf der Couch, wo ich abends regelmäßig vor dem Fernseher einschlief.

Das Frühstück nehme ich alleine auf der Terrasse ein, was mir sehr gefällt. Zu dieser Uhrzeit brauche ich keinen Smalltalk. Ich verschlinge ein leckeres Müsli, Toast mit Marmelade, zwei Spiegeleier und trinke dazu wässrigen nepalesischen Kaffee. Den kenne ich schon aus dem Flugzeug: Als ich einen ersten Schluck davon probierte, verzog ich mein Gesicht so sehr, dass mein Sitznachbar laut lachen musste.

Pünktlich um 9.30 Uhr werde ich von Jinpa und einem Fahrer abgeholt. Wir machen uns auf den Weg zum Stupa von Swayambhunath, einem der bekanntesten Wahrzeichen Nepals und ein ganz bezaubernder spiritueller Ort. Auf einem Hügel am Westrand der Stadt gelegen, beobachten die aufgemalten, alles sehenden Augen Buddhas vom Stupa aus das Kathmandu-Tal. Bei diesem Ausblick komme ich ins Staunen. Das Tal liegt durchschnittlich auf 1.300 Metern Höhe und ist von einer fast 3.000 Meter hohen Bergkette umsäumt. Bemerkenswert ist übrigens, dass erst 1956 die erste Straße gebaut wurde. Bis 1951 durften nicht einmal die Bewohner des Tieflands ohne Genehmigung nach Kathmandu einreisen.

Auf dem Gelände direkt neben dem Stupa liegt die kleine Hariti-Pagode, wo Buddhisten wie Hindus den Segen der Göttin Hariti erflehen, die alle Kinder beschützt. Ich sehe zum ersten Mal tibetanische Gebetsmühlen. Endlich verstehe ich das Sprichwort, etwas gebetsmühlenartig zu wiederholen. Die Gläubigen drehen diese Mühlen, um gutes Karma anzuhäufen und die körperliche Aktivität mit geistig-spirituellen Inhalten zu verknüpfen. Die Gebetsmühlen enthalten auf Papier gedruckte Schriften, Gebete oder Mantras. Symbolisch gemeint bedeutet das Drehen der Mühle, dass man die Schriften kennt, gelesen hat und darauf verweist.

Von hier aus fahren wir nach Old Kathmandu, wobei wir unzählige Tempel passieren. Ich sehe aber auch große Zerstörung, hervorgerufen durch das Erdbeben, das im April 2015 in Nepal und ganz besonders schlimm im Kathmandu-Tal gewütet hat. Wir gehen zum Durbar Square mit seinen Tempelanlagen und dem Königspalast. Es ist sehr traurig zu sehen, wie viele der Tempel und Gebäude zerstört wurden. Über 9.000 Menschen verloren ihr Leben, viele Tausende sind auch noch anderthalb Jahre nach dem Erdbeben obdachlos.

Wir erreichen den Basantapur Square und gelangen von dort aus zur legendären Freak Street, wo die Hippies einst ihre Joints geraucht haben. Auf der gegenüberliegenden Seite des Basantapur liegt das Haus der königlichen *Kumari*. Die Kumari ist eine kleine, lebende Göttin, ihr Tempel ist der höchste des Durbar Square. Er liegt nördlich des Palastes am Ende des Platzes und hat holzgeschnitzte Fenster im Innenhof. Die sind sehr schön – und von Tauben schön vollgeschissen. Wie ich erfahre, sind die Vögel ein wahres Übel in Nepal: Zu Tausenden zerstören sie mit ihrem Kot die alten

Tempel und Gebäude. Jinpa erklärt mir, dass die Kumari im Alter von drei Jahren von Priestern ausgewählt wird und ihr Amt bis zur ersten Menstruation ausüben darf. Dann hat ihr Göttinnendasein ein Ende und eine Nachfolgerin wird ausgewählt. Das Mädchen darf sich nur zehnmal im Jahr in der Öffentlichkeit zeigen und dann jeweils am Abend und am Morgen für jeweils 15 Sekunden (!) am vollgekackten Taubenfenster sowie zu religiösen Festen. Bei diesem Job hätte ich wohl auch ein Bore-out bekommen!

Die Altstadt ist faszinierend, ein einziges buntes Treiben. Und überall bieten Händler farbenfrohe Stoffe und Pulver in allen Farben des Regenbogens an. Ich bin ganz berauscht von dieser Hektik, alles knubbelt sich auf kleinen Straßen und in engen Gassen. Ständig wird gehupt, Busse und Autos sind neben Fußgängern und Mofafahrern unterwegs, mittendrin geht eine Kuh gemütlich ihres Weges. Und dann wird erstmal gewartet, denn die Gutste ist ja heilig.

Wir fahren weiter nach Patan, unterwegs überqueren wir eine der Brücken, die über den verseuchten Fluss Bagmati führen.

Auch in Patan gibt es einen Durbar Square. Im alten Königspalast besichtige ich das Patan Museum, wo sich die schönsten Exponate Nepals beziehungsweise ganz Asiens befinden. Viel bewegender finde ich allerdings den Besuch des Klosters Kwa Bahal, das wegen seines Daches aus vergoldetem Kupfer auch Goldener Tempel genannt wird. Der oberste Priester ist hier immer ein kleiner Junge, der sein Amt jeweils einen Monat lang ausübt. In dieser Zeit darf er sich nicht waschen, sondern wird nur mit Massageölen verwöhnt. Naja, früher hat mich Mutti auch nur einmal die Woche in die Wanne gepackt – allerdings blieb mir das Duftöl erspart. Diese Jungen stammen immer aus den Reihen der 12.000 Gläubigen, so groß ist die Gemeinde, und jede Familie möchte gerne mal dabei sein und ihren Filius zum Oberhaupt ernennen.

Mir schwirrt inzwischen gehörig der Kopf von all den Eindrücken und Informationen. Die Namen der Tempel und Götter kann ich mir ohnehin nicht merken, aber ich stelle fest, dass sich hier das Headquarter des spirituellen Seins befindet. Hier treffen Buddhismus auf Hinduismus und Mantras auf Gebetsmühlen und alles zusammen ergibt ein harmonisches Miteinander. Immer wieder stelle ich mir die Frage: Und was nehme ich mit? Doch es ist wohl noch zu früh für eine Antwort. Zumindest denke ich nicht mehr ständig an die Ereignisse der Vergangenheit. Ich genieße den Anblick der Stadt und der herumeilenden Menschen. Es sind übrigens erstaunlich wenige Touristen unterwegs, die Zahlen haben sehr stark abgenommen seit dem Erdbeben und der Zerstörung. Was unfair ist, denn es gibt nach wie vor unzählige Tempel zu besichtigen.

Nach meiner Rückkehr ins Gästehaus am Nachmittag bin ich ganz mutig und spaziere auf einem kleinen Schotterweg ins Dorf. Hier kann ich gleich mal ein paar Getränke einkaufen. Und tatsächlich, vor mir tut sich ein Supermarkt auf – und die haben sogar Perrier Wasser! Wieder zurück in meiner Unterkunft stelle ich mit Entsetzen fest, dass das WLan nicht mehr funktioniert. Mist, wie soll ich denn jetzt mit Simon kommunizieren? Hoffentlich macht sich zu Hause niemand Sorgen. Ein Glück, dass ich schon ein paar Fotos geschickt habe an alle, die mir wichtig sind.

Ich nehme mir eine Flasche kaltes Bier mit auf mein Zimmer. Während ich mein Reich für die nächsten Tage betrachte, werfe ich einen Blick auf die mitgenommenen Unterlagen auf meinem Schreibtisch. In der blauen Kladde befinden sich neben unzähligen Tagebuchaufzeichnungen der vergangenen Jahre auch mehrere Artikel zum Thema Bore-out, die ich vor meiner Reise im Internet recherchiert habe. In einem dieser Artikel steht, dass Bore-out immer häufiger als ernst zu nehmendes Problem in der Arbeitswelt des 21. Jahrhunderts diskutiert wird. Die beschriebenen Verhaltensweisen und Arbeitsstrategien betroffener Personen kenne ich nur zu gut von mir selbst. Neben meiner chronischen Müdigkeit und dem Gefühl, völlig ausgelaugt zu sein, war ich ständig gereizt. Im Büro war jedes zweite Wort von mir »Scheiße«. Diese Lustlosigkeit und Unzufriedenheit habe ich nach der Arbeit in mein Privatleben, in meine Beziehung mitgebracht. Ich reagierte mürrisch, zickig und empfindlich auf jede Kleinigkeit. Dieses gehässige Benehmen hat meinen Mann, der von meinem wirklichen Gefühlszustand keine Ahnung hatte, sehr getroffen. Ich hatte mich zu sehr geschämt, um mich ihm anzuvertrauen, wollte vor ihm nicht als Faulpelz dastehen. Auch hatte ich Angst, dass ich mit ihm nicht darüber auf Augenhöhe hätte reden können. Falsche Scham vor dem eigenen Mann. Inzwischen weiß ich, dass sich immer mehr Menschen von einem desillusionierten Studenten hin zu einem gelangweilten Büroangestellten entwickeln. Nicht Stress ist der Krankheitsbringer, sondern vielmehr Unterforderung und Desinteresse im Job. So war es auch bei mir. Langeweile am Arbeitsplatz und eine frustrierende, sinnfreie Tätigkeit als Projektmanager haben im Laufe der Zeit dazu geführt, dass ich letztendlich unaufhaltsam in eine Depression geschlittert bin. Ich hätte gern mehr geleistet, konnte und durfte dies aber nicht. Der gesamtwirtschaftliche Schaden, verursacht von an Bore-out erkrankten Arbeitnehmern, wird auf über mehrere hundert Milliarden Euro geschätzt! Zu diesem Ergebnis kommen seriöse Studien sowie namhafte überregionale Zeitungen und Magazine. Von den Symptomen habe ich mich inzwischen befreit, aber verarbeitet habe ich meine Krankheit noch nicht. Ich möchte meine Nepalreise dazu nutzen, meine Vergangenheit aufzuarbeiten und mit mir ins Reine zu kommen. Aber nicht mehr heute Abend.

Ich bin müde vom stundenlangen Sightseeing und der Zeitverschiebung. Für die Nacht wurde mir eine zusätzliche Steppdecke auf das Bett gelegt. In der Tat sind die Nächte recht kalt, umso gemütlicher kann ich mich heute ins bequeme Bett kuscheln. Mir fehlt nur meine Mietzekatze.

Tag 4

Ich habe geschlafen wie ein Stein, als mein Wecker um 7.30 Uhr klingelt, döse ich noch einmal weg. Als ich endlich wach werde, ist es bereits 8.30 Uhr. Shit! Nun aber raus aus den Federn. Meine Hektik flaut schnell ab, denn duschen entfällt mangels Strom für die Warmwasserpumpe. Egal, ich habe ja gestern Nachmittag geduscht, nachdem ich begriffen hatte, dass sich unter dem Waschbecken im Bad eine zusätzliche Wasserpumpe befindet. Knopp drücken und das Geratter geht los. Ja, eine originelle nepalesische Lösung. Ich bin der Letzte im Frühstücksraum – und somit glücklicherweise wieder alleine. Ich frühstücke in Ruhe, bis ich schließlich von Jinpa und dem Fahrer abgeholt werde.

Die Wege in das circa dreißig Kilometer entfernte Newar-Städtchen Dhulikhel, das außerhalb des Tals an der Straße nach Tibet auf 1.650 Metern Höhe liegt, sind sehr holprig. Die Luft hier ist rein und angenehm, der Blick auf die grandiosen Bergriesen traumhaft. Wir besichtigen den kleinen Ort. Die Leute sind entspannt in ihren Häuschen und beobachten interessiert, wie Jinpa und ich durch die Gassen spazieren.

Auf unserer anschließenden Wanderung nach Panauti sehen wir auf den Reisfeldern Bauern bei der mühseligen Ernte zu, die in vollem Gange ist. Das Getreide wird von Hand geschnitten, gedroschen und anschließend werden die Körner ausgesiebt, bevor sie schließlich zum Trocknen für mehrere Tage auf großen Laken ausgelegt werden. Die Menschen stehen barfuß im Sumpf, die Flip-Flops wurden ordentlich am Wegesrand abgestellt. Sie befinden sich inmitten einer traumhaften Landschaft, in einem grünen Tal, umgeben von 8.000ern. Eine ganz unglaubliche Kulisse, die Beobachtungen berühren mich sehr. Ich mache einige Fotos, auch von einer Bäuerin, die sich um einen Wasserbüffel kümmert. Mir wird zum ersten Mal klar, was Arbeit bedeuten kann. Für die Menschen hier geht es um das blanke Überleben, während wir in Deutschland ständig über Sinnhaftigkeit und Work-Life-Balance nachdenken. Gedanken, die für die Nepalesen wohl völlig abstrus und nicht nachvollziehbar wären.

Zum Abschluss des heutigen Tages besuchen wir Bhaktapur, eine weitere Stadt des Kathmandu-Tals. Es ist das schönste Städtchen auf der bisherigen Tour, aber auch das touristischste. Sehr beeindruckend ist der Taumadhi Square. Hier befindet sich die höchste Pagode Nepals, der fünfstöckige Nyatapola-Tempel. Die Pagode ist 33 Meter hoch und der Göttin Bhagvati gewidmet. Die muss ganz schön mächtig sein, wie mir der Guide stolz erklärt. Sie ist tausendmal stärker als ein Löwe, und der ist schließlich zehnmal stärker als ein Elefant und der ist hundertmal stärker als ... Ich komme gar nicht mehr mit – mir rauscht langsam der Kopf. Und wohin das Auge blickt: Reis. Reis, Reis, Baby! Es ist Erntezeit und der Reis wird auf jeder sich bietenden Freifläche getrocknet. Vor jedem Haus, auf den Dächern, auf dem Markt, teilweise sogar in den Tempelhöfen. Auch hier besichtige ich den Durbar Square, das religiöse Highlight. Der Zutritt zum Taleju-Tempel bleibt mir als Nichthindu jedoch verwehrt, außerdem ist es verboten, zu fotografieren. Macht aber nichts, denn ich bin inzwischen ohnehin reizüberflutet und kaum noch aufnahmefähig. Ich freue mich auf mein Gästezimmer und die Ruhe der kommenden zweieinhalb Wochen in Nepal. Inzwischen ist es Nachmittag geworden, und nach einer eiskalten Coke und einer Zigarette geht es zurück zum Auto.

Wie beschreibt man Nepal jemanden, der das Land noch nicht kennt? Nun ja, Nepal ist ein bisschen so wie eine Mischung aus Kanaren, Schwarzwald und balinesischem Verkehr. Und das Headquarter des buddhistischen und hinduistischen Glaubens. Heute hat Jinpa wieder einmal versucht, mir die Unterschiede zwischen den beiden Religionen aufzuzeigen. Und ich bin wieder kläglich gescheitert. Alleine die vielen Götter – die kann ich einfach nicht auseinanderhalten. Was ich aber nicht weiter schlimm finde, denn ich glaube inzwischen, dass es nicht darauf ankommt, sämtliche Götter zu kennen und zu verstehen. Vielmehr geht es für mich darum, spirituelle Liebe und Geduld zu erleben, denn das ist es, was beide Religionen, den Buddhismus ebenso wie den Hinduismus, auszeichnet. Sich seinem Schicksal zu fügen, als Teilchen des Ganzen in dieser konfusen und verstrubbelten Welt.

Unsere Fahrt zurück nach Kathmandu führt am Örtchen Sanga vorbei. Hier steht die mit beeindruckenden dreiunddreißig Metern wohl größte Shiva-Statue der Welt. Also Shiva hat was! Ich gleite in meine inzwischen gewohnten Tagträume und lasse die Eindrücke des Tages Revue passieren.

Zurück im Gästehaus stelle ich zu meiner großen Freude fest, dass das WLan endlich wieder funktioniert. Unglaublich, wie abhängig wir heutzutage von dem digitalen Zeugs sind. Zum Abendessen gibt es ein traditionelles Dal Baht Chicken. Welch ein krönender Abschluss des heutigen Tages.

Gerade als ich den Essensraum verlassen will, betritt eine Touristin mit klassischer Wanderausrüstung das Gästehaus. Sie wäre mir nicht weiter aufgefallen, hätte sie nicht giftgrünes Haar. Ich muss schmunzeln, denn das erinnert mich an mich selbst, als ich noch ein junger Mann und nicht lange in Köln war. Zu jener Zeit hatte ich blaue Haare, meine Nachbarin Jacqueline hatte sie mir gefärbt. *Deep Blue* hieß das Haarfärbemittel, daran kann ich mich bis heute erinnern.

Kapitel 2:
Mein erster Job – Anspruch und Wirklichkeit

Damals, im Dezember 2000, war die Welt noch in Ordnung. Ich hatte meine erste eigene kleine Genossenschaftswohnung – und ein Vorstellungsgespräch für einen neuen Job. Frisch geduscht, rasiert und im besten verfügbaren Anzug machte ich mich auf den Weg Richtung Bankenviertel, wo ich zu einem Vorstellungsgespräch bei der Discontobank eingeladen war. Es war genau 10 Uhr, als ich die heiligen Hallen betrat. Mit blauen Haaren. Punktlandung.

Eigentlich hatte ich blonde Haare, war recht solide und fiel nicht besonders auf. Nach meinem BWL-Studium machte ich noch den Master in *Business Administration* und hatte dann das Glück, über Vitamin B direkt einen Job zu finden: im Wertpapierabrechnungsteam beim Bankhaus Isaak Hohenberg, einem ehrwürdigen Adelsgeldhaus in der Altstadt. Allein diese geile ECKarte zu besitzen, an die man als Normalsterblicher gar nicht erst rankommt, war so elitär wie der Besitz einer schwarzen Amex mit Goldkante. Ein Türöffner in die Kölner Klüngelgesellschaft. Die Arbeit an sich hatte ich nie ganz begriffen. Ich war im Middle Office für die Verbuchung von gehandelten Wertpapieren in die entsprechenden Lagerstellen zuständig. Das war ungefähr so spannend wie die Archivierung von Telefonbüchern nach Ländern, alphabetisch oder nach Gewicht. Je nach Gusto. Genauso gut hätte ich jeden Tag einen Roman aus dem Regal nehmen, ihn aufschlagen und jedes E durchstreichen können. Zu allem Überfluss befand sich mein Büro auch noch im Souterrain.

Nach dem Studium und diversen Praktika im In- und Ausland hatte ich voller Tatendrang und Idealismus meinen ersten richtigen Job begonnen. Doch nun war ich desillusioniert. Schon nach wenigen Wochen hatte ich genug vom langweiligen Arbeitsalltag, meiner stupiden Tätigkeit und von der Struktur des Unternehmens. Ich hatte die Nase so gestrichen voll, dass ich abends mit meiner Freundin Manuela in einem ausgiebigen Telefonat über den Job und die Perspektive philosophierte. An einen Satz von ihr erinnere ich mich heute noch: »Was willst du in der Gruft?«

Einige Tage später traf ich eine liebe alte Kollegin aus meiner Ausbildungszeit bei der Discontobank zum Mittagessen. Ich erzählte ihr von meinem langweiligen Job und wie sich herausstellte, wusste sie von einer freien Stelle: In Leverkusen wurde gerade ein Wertpapierspezialist gesucht, bei Interesse könnte sie mich gerne dem zuständigen Regionalleiter vorstellen. So wurde ich auf Anweisung der Direktion Köln zu einem direkten Gespräch eingeladen.

Das Bewerbungsgespräch bei der Discontobank lief ebenso ab wie das wenige Monate zuvor bei Hohenbergs. Es war eher ein Smalltalk, nach ausführlichen Bewerbungsunterlagen oder einem Motivationsschreiben wurde gar nicht erst gefragt.
    Der Personalreferent aus Frankfurt machte einen fahrigen und unvorbereiteten Eindruck. Am Gespräch nahm außerdem ein etwas dickerer Herr teil, der ein – wie mein Vater sagen würde – Nuttentäschchen in der Hand hielt. Seine klobige Hornbrille verdeckte einen Großteil seines Gesichts, dazu trug er einen Seitenscheitel. Er sah aus wie Heinz Erhardt. Der Mann hieß Hubert Gerken, er war der Regionaldirektor und mein zukünftiger Chef.

Wir stellten uns gegenseitig vor und schüttelten uns die Hände. Damit war der Anfang gemacht und der Grundstein für meine berufliche Karriere gelegt.

Wahnsinn: Ich hatte nichts weiter getan, als ein paar nette Fragen zu beantworten, einen Kaffee zu schlürfen, und schon hielt ich meinen neuen Arbeitsvertrag in Händen. Ich war ab 1. Februar Wertpapierspezialist im Private Banking in der Regionalfiliale Leverkusen. Finanziell bedeutete das eine deutliche Verbesserung gegenüber meinem aktuellen Souterrain-Job, wobei auch dieser schon unfassbar gut bezahlt wurde.

Nach der Verabschiedung nahm mein neuer Chef mich beiseite.

»Ich gehe aber schon davon aus, dass Sie im Februar Ihre normale Haarfarbe haben und auch sonst einen manierlichen Umgang pflegen.«

»Ja, natürlich, darauf können Sie sich verlassen.«

Nachdem die Kündigung bei Hohenbergs eingereicht war, wurde ich zur Personaldirektorin gerufen.

»Herr Kutnow. Was höre ich denn da? Warum wollen Sie denn kündigen?«

»Weil ich einen interessanten Job außerhalb von Hohenberg gefunden habe.«

»Aber Sie sind doch so ein patentes Kerlchen, wir haben bestimmt etwas für Sie. Was ist denn für Sie interessant? In welchem Bereich möchten Sie arbeiten?«

Ich kam mir vor wie in einem kleinen Kolonialwarenladen und erklärte ihr, dass ich gerne in der Kundenbetreuung arbeiten würde. Gäbe es dort eine Stelle für mich, wäre ich bereit, meine Kündigung zu überdenken. Daraufhin versprach sie mir, ein Treffen mit Dr. Stöcker, dem Leiter der Abteilung Private Banking, zu arrangieren und versuchte, mir den potenziellen neuen Job schmackhaft zu machen.

»Dann können Sie unsere Kunden betreuen, und im Sommer geht es sogar mal zur Pferderennbahn hinaus nach

Weidenpesch. Wenn Sie das Ihrer Mutter erzählen, wird Sie bestimmt sehr stolz auf Sie sein.«

Sie schaute mich erwartungsvoll an, ich verstand nur Bahnhof. Was hatte meine Mutter damit zu tun, die weder mit der Pferderennbahn, geschweige denn mit Hohenbergs etwas hätte anfangen können? Die Worte hingen an meinen Synapsen, konnten aber irgendwie nicht zugeordnet werden.

»Ja, sicher, das ist ein berechtigter Punkt, den Sie da ansprechen«, antwortete ich.

Ich liebte diesen nichtssagenden Satz, den ich vor langer Zeit in einer Callcenter-Schulung als hilfreiche Floskel gelernt hatte. So konnte man prima Zeit gewinnen und freundlich aus dem Gespräch aussteigen.

Der Termin mit Dr. Stöcker, einem reservierten, konservativen Mann Ende Fünfzig, fand noch am gleichen Nachmittag statt. Er schien kein wirkliches Interesse an dem Gespräch zu haben, fast kam es mir vor, als wäre es ihm von der Personaldame aufgezwungen worden.

Die Kundenbetreuung bei Hohenbergs weckte meine Neugier, und in Gedanken stellte ich mir bereits die Kundengespräche und Depots vor. Das wäre genau mein Ding. Während meines Studiums hatte ich fünf Jahre bei einer Direktbank Wertpapiere für Kunden gehandelt und später im Beschwerdemanagement Kundenreklamationen bearbeitet. Die internationale Klientel und die millionenschweren Depots faszinierten mich. Auf meine Frage, wie viele Kunden ich zu betreuen hätte, schaute mich mein Gegenüber verächtlich an.

»Sie machen keine direkte Kundenbetreuung. Sie würden unser Serviceteam verstärken, das bedeutet, Sie haben keinen direkten Kontakt zu den Kunden, jedoch assistieren Sie den Beratern bei der Depotpflege und führen eventuell auch das ein oder andere Telefonat. Außerdem würden Sie den

Finanzstatus der Kunden erstellen.« Ich solle mir die Tätigkeit nicht zu einfach vorstellen.

»Nein, natürlich nicht. Wie lange, würden Sie meinen, müsste ich diese Aufgabe übernehmen, bevor ich mit einer neuen Herausforderung betraut werde?«

Ich biss mir auf die Zunge, was konnte ich mich gewählt ausdrücken.

»Nun, mein junger Freund«, sagte Dr. Stöcker väterlich. »Ich bin sehr stolz auf meine Abteilung. Und wir haben es hier mit einem sehr sensiblen Kundenklientel zu tun.«

»Ja, das verstehe ich.«

»Sie sollten diese Tätigkeit schon mindestens zwei, am besten sogar drei Jahre ausüben, bevor Sie den nächsten Schritt tun. Denn ich möchte vermeiden, dass die werte Kundschaft denkt, bei uns ginge es zu wie in einem Taubenschlag.«

Wieder daheim, fand ich ein Schreiben vom Diplomprüfungsamt der Universität zu Köln in meinem Briefkasten. Meine Diplomarbeit wurde anerkannt, ich hatte die Gesamtnote »Gut« erhalten und war somit Diplomkaufmann. Ich stieß einen Freudenschrei aus und rannte rüber zu meiner Nachbarin Jacqueline, ein Kölsches Original, das kein Blatt vor den Mund nahm. Wir liebten es, uns auf Kölsch zu unterhalten, wenn wir unter uns waren – und verfielen dabei schon mal in eine etwas derbere Sprache.

»Herzlichen Glückwunsch, Schatzelmann. Das müssen wir feiern. Ich wollte gerade Spaghetti machen, willst du mitessen?« Das tat ich gern.

Wir saßen vor dem muckelig warmen, in der Genossenschaftswohnung jedoch illegalen Katalytofen und ich lieferte ihr eine Zusammenfassung der heutigen Ereignisse.

»Schatz, wenn du mich fragst, die haben da doch alle ein Ei am Wandern. Du kündigst und die bieten dir dann so eine

Kacke an? Damit bist du doch total unterfordert. Aber wie die Hohenbergs von sich überzeugt sind ist echt unglaublich!«

»Geil auch der Hinweis mit der Rennbahn in Weidenpesch.«

Wir lachten schallend und mir liefen die Tränen übers Gesicht.

»Ich stelle mir dich gerade als Berater auf der Rennbahn vor und dazu die ganzen Gesichtsattrappen mit ihren Riesenhüten und mit Schmuck behangen.«

»Hör auf«, rief ich nach Luft japsend. »Oder die Frauen, die gerade von der Botoxparty kommen, mit glatter Stirn und Dauergrinsen und Hündchen Hope am Strasshalsband.«

Jacqueline schrie fast vor Lachen. »Ich habe gerade die alten Schachteln und deine blauen Haare vor Augen. Ist das geil! Boah ey, ich mach mir gleich in die Butz!«

Wir machten uns über die Spaghetti her und tranken dazu einen leckeren Sangiovese. Als sich Jacqueline für einen Moment zur Spüle wegdrehte, klemmte ich mir in den linken Mundwinkel eine Nudel, die bis auf den Tisch herunterhing. Dazu setzte ich einen behämmerten Blick auf und ließ derweil in meiner rechten Hand die Zigarette qualmen. Zusammen mit den blauen Haaren eine grandiose Symbiose.

»Schatz, du kannst mir dein Geld ruhig anvertrauen, isch bin für disch der perfekte Anlageberater.«

»Ja, das weiß ich doch. Nur kann ich leider die zehn Millionen im Moment nicht aufbringen.« Sie trank einen Schluck Rotwein und nahm einen tiefen Zug von ihrer Zigarette. Nachdenklich schaute sie mich an.

»Im Ernst, Lars, sei fruh, dat do do fott bes! Da wärst du ja bekloppt geworden. Ist doch super mit dem neuen Job ohne großen Bohei. Und dann auch noch in Leverkusen, quasi nebenan. Du kannst nicht dein Leben lang so eine Kacke machen, vor allem nicht nach so einem erfolgreichen Studium. Saach denen morje, watt Sach es un jood.«

Das tat ich dann auch und so endete also meine Zeit bei den altehrwürdigen Hohenbergs. Bevor ich meinen Dienst bei der Discontobank in Leverkusen antrat, musste ich erst einmal für zwei Wochen zur Einarbeitung zu den Wertpapierspezialisten in die Kölner Hauptstelle. Ich erinnere mich an ein professionelles Beraterteam, das mich sowohl mit ihrem Fachwissen als auch mit langjähriger Erfahrung im Bereich Beratung und Umgang mit den Kunden begeisterte. Sie gaben mir direkt das Gefühl, Teil des Teams zu sein. Die Tätigkeit beinhaltete nicht nur solides Hintergrundwissen bezogen auf einzelne Aktientitel, sondern auch sogenannte *Covered Call Writing*-Strategien, also der seriöse Handel mit gedeckten Kaufoptionen. Diese auszuarbeiten und dem Kunden zu präsentieren, machte mir großen Spaß.

Gegen Ende der zweiten Woche wurde mir ein Platz im Kölner Team angeboten. Ich war unsicher, wie ich mich verhalten sollte. Die Chance, in Köln zu bleiben, reizte mich sehr. Außerdem war das Team supernett, die Kunden spannend, und alle mochten mich. Also warum sollte ich dennoch wechseln? Ich erhielt einen Anruf von meinem neuen Chef aus Leverkusen, der inzwischen auch Wind von der Sache bekommen hatte. Er war sehr ungehalten und drohte mir: »Wenn Sie sich jetzt für Köln entscheiden, haben Sie Ihren ersten Feind.«

Dumm, unerfahren und vermeintlich loyal ging ich also nach Leverkusen. Meine Aufgaben bestanden darin, Wertpapierkunden von drei angeschlossenen Filialen zu betreuen und als Kompagnon eine Spezialistin, die sich dort bisher alleine durchgeschlagen hatte, zu entlasten. Was mir anfangs nicht verraten wurde und ich erst im Laufe der Zeit feststellte, war die Tatsache, dass die meisten Kunden eigentlich gar kein Interesse an einer Beratung hatten. Zudem waren die Kundendepots langweilig, denn sie beinhalteten nicht die interessanten Wertpapiere und Aktientitel, wie ich es von den Kunden meiner Kollegen in Köln her kannte. Bei dem Großteil der vorhandenen Positionen handelte es sich um Belegschaftsaktien von Bayer. Und diese waren entweder gesperrt oder wurden üblicherweise von den Kunden bis zum jüngsten Tag gehalten. *Na, das kann ja heiter werden.* Ich zündete mir in der Schalterhalle eine Zigarette an. Es war fantastisch, zu diesem Zeitpunkt konnte man tatsächlich im Kundenbereich noch rauchen!

Inzwischen ist meine Zigarette in Nepal abgebrannt, ich gähne und begebe mich auf mein Zimmer. Gute Nacht vom Dach der Welt!

Tag 5

Heute steht eine Wanderung von Nagarkot aus auf dem Programm. Pünktlich nach dem Frühstück werde ich abgeholt und zu dem beliebten Aussichtspunkt am Ortsrand des Kathmandu-Tals gefahren. Die Anfahrt erfolgt über eine grauenvolle, holprige Teerstraße. Doch als schließlich das Lantan-Gebirge in voller Schönheit vor uns liegt, werden wir mit einer atemberaubenden Aussicht belohnt. Leider haben sich Wolken vor den Annapurna-Gebirgszug geschoben, aber schon das Wenige, was ich sehe, ist traumhaft schön. Dazu kommen die unzähligen Reisterrassen und Hügel in dem weiten Tal.

Teilweise schweigend, dann wieder über alles Mögliche redend, machen wir uns auf den Weg, der sich malerisch ganz gemächlich vorbei an Reisterrassen ins Tal nach Tharkot schlängelt. Wir wandern durch kleine Bauerndörfchen und bekommen einen Einblick in das alltägliche Leben der Bewohner. Die Nepalesen sind geniale Selbstversorger. Jeder besitzt Hühner, Enten oder Ziegen, vor den Häusern werden Reis, Mais und Sojabohnen getrocknet. Daneben gibt es Pilzfarmen und viele brennen ihren eigenen 50-prozentigen Reis- oder Hirseschnaps, den sogenannten *Raksi*. Auch die ein oder andere riesige Marihuana-Pflanze ist zu sehen. Ich wundere mich über die vielen verwelkten, Rucola-ähnlichen Blätter. Jinpa erklärt mir, dass es sich hierbei um *Gundruk* handelt. Getrocknet und später fermentiert, werden diese Blätter von Rettich und Kohl als Würze verwendet. Hier wachsen auch jede Menge Senfpflanzen, aus denen Senföl gewonnen wird. Das verwendet man zum Beispiel für *Choyla*, einem in Senföl eingelegten, scharf gewürzten Fleisch, das gegrillt wird. Mein Koch- und Gourmetherz schlägt höher. Ich bin begeistert, was ich mir alles merken kann. Das einfache Leben der Bauern berührt mich. Ich sehe, wie hart der Alltag für diese Menschen ist, dass sie kaum Zeit und Muße haben, sich über ihr Leben Gedanken zu machen. Dies ist bei uns ganz anders, wir haben teilweise eher zu viel Zeit zum Rumgrübeln. Dass das nicht unbedingt nur Vorteile mit sich bringt, habe ich am eigenen Leib erfahren.

Während der Wanderung bin ich gedanklich ständig in meiner Vergangenheit. Schon letzte Nacht hatte ich schlecht geschlafen und von meiner Zeit bei der Discontobank geträumt. Immer mehr Personen und Erlebnisse erwachen in meinem Gedächtnis.

In Leverkusen wurde mir ein Kundenstamm zugeteilt, und ich war einige Wochen damit beschäftigt, Vermögensverhältnisse zu sichten und Kunden kennenzulernen. Ein interessantes Unterfangen, denn die meisten waren gebeutelt vom Börsencrash Ende der Neunzigerjahre und hatten wenig Interesse an großen Depotveränderungen, da diese die Realisation von Verlusten bedeuteten. Und wer sah die schon gerne schwarz auf weiß auf seinem Konto- und Depotauszug? Ich hatte Spaß an der Arbeit, und aufgrund meiner empathischen und freundlichen Art gelang es mir in kürzester Zeit, gute Beziehungen aufzubauen und das Vertrauen der Kunden zu gewinnen. Ja, einige von ihnen waren mir richtig ans Herz gewachsen.

Da war beispielsweise Frau Hentschel, die liebenswerte einsame Direktorenwitwe. Immer wieder schaute sie in der Bank vorbei, um Aktienkurse zu erfragen – ganz so wie andere regelmäßig beim Zeitungshändler die neue Klatschzeitung kaufen. Ich gab ihr gerne die gewünschten Auskünfte und dazu ein paar schlaue Hinweise, die ich aus dem Nachrichtenprogramm auf meinem Bildschirm ablas. Eigentlich interessierte es die Dame genauso wenig wie mich selbst. Sie suchte nur ein bisschen Gesellschaft und mochte es, mit mir eine zu rauchen. Und nebenbei tätigte ich mit ihr ein paar Wertpapiergeschäfte.

Die ältere Dame hatte für eine halbe Million Euro Investmentfondsanteile als Tafelpapiere im Schließfach. An diesem Posten war mein Kollege Herr Heinemann schon viele Jahre höchst interessiert. Denn an dieses Geld heranzukommen und es zu aktivieren, würde der Bank einen enormen Provisionsertrag bringen.

Auch Hausbesuche gehörten zu meinem Alltag. Als ich Frau Hentschel wieder einmal bei ihr zu Hause traf, sprach ich sie zwischen einem Gläschen Sekt und einem Canapé-Häppchen auf ihr Depot an.

»Ach, Frau Hentschel, ich habe Sie neulich mit Ihrer Schere am Schließfach gesehen. War wieder Zahltag?«

Frau Hentschel lächelte mich geheimnisvoll an.

»Ja, und ich konnte das Geld gut gebrauchen, um meinen

Orthopäden zu bezahlen. Der Schweinehund nimmt es vom Lebendigen.«

»Wem sagen Sie das! Aber wenn's Ihnen gut tut und hilft.«

Frau Hentschel schenkte mir Kaffee nach und bot mir die zweite Power-Zigarette an. *Jetzt oder nie!*

»Diese Kuponschneiderei und das ganze umständliche Brimborium machen inzwischen kaum mehr Sinn. Das ist mittlerweile nur noch Gelderhaltung, große Rendite bekommen Sie bei Ihren alten Fritzchen nicht mehr. Die hatten ihre Glanzzeit Ende der Neunziger.«

Frau Hentschel hörte interessiert zu und nickte bestätigend.

»Nun ja, da gibt es heute etwas Sinnvolleres. Auch als Tafelpapier für Ihren Tresor und sogar mündelsicher.«

»So mündelsicher wie ein Zuckerplätzchen?« Sie schaute mich besorgt an.

Ich erklärte ihr genau, welche Alternativen sie hat, und schon eine Woche später standen wir gemeinsam am Schließfach der Kundin. Herr Heinemann und ich staunten nicht schlecht, als Frau Hentschel uns den Inhalt zeigte. Sie hatte über die Jahre mehr Tafelpapiere erworben als vermutet. In der Mittagszeit wechselten effektive Wertpapiere im Wert von einer Million Euro den Besitzer. Die Filiale erhielt dafür eine Provision in Höhe von fünfzigtausend Euro. Herr Heinemann war hoch erfreut und lobte meine Arbeit.

Am nächsten Vormittag stellte er mir einen weiteren seiner Kunden vor, Herrn Maybach, Millionenerbe einer Pharma-Dynastie. Ich war fasziniert und hatte das Gefühl, Oscar Wilde höchstpersönlich gegenüberzustehen. Herr Maybach war schick angezogen, trug Hut, Einstecktuch und Gehstock. Seine gewählte Ausdrucksweise und das punktierte Agieren ließen mich auf eine sehr gebildete Person schließen. Ich wurde von Herrn Maybach taxierend gescannt.

»Ein junger Mann, von wo kommt er weg?«

Ich schaute ihn verwirrt an, da ich mit der blumigen Wortwahl nichts anfangen konnte. Glücklicherweise sprang mein Kollege ein und stelle mich ihm vor. Das Gespräch war rein informell und nach einer halben Stunde ergebnislos beendet. Lediglich ein paar neue Scheckvordrucke ließ sich der Kunde noch mitgeben.

Während der Unterhaltung mit Herrn Maybach war ich von dessen Erscheinung so abgelenkt gewesen, dass ich die Anzahl an Aktien glatt mit dem Gegenwert in Euro verwechselt hatte: Ich dachte, er hätte für 50.000 Euro Siemens-Aktien, tatsächlich besaß er aber 50.000 Aktien für einen Gegenwert von vier Millionen Euro. Und das war nur eine von etlichen Positionen.

Ich verstand jedoch nicht, wie es sein konnte, dass jemand mit einem solchen Vermögen kaum einen Ertrag damit erwirtschaftete. Auf meine Rückfrage hin erhielt ich die Antwort, dass der Kunde eine harte Nuss sei und weder an einem Wertpapierkauf noch am Verkauf interessiert sei. Er begnügte sich mit den üppigen Dividendenzahlungen, die regelmäßig das Jahr über anstanden. Das wollte ich gerne ändern, und bald schon sollte sich die Gelegenheit dazu ergeben.

Zwei Wochen später bat ich Herrn Maybach um ein Treffen in der Bankfiliale.

»Herr Maybach, die Siemens-Aktien stehen im Moment auf einem historischen All-Time-High. Sie notieren aktuell bei achtzig Euro.«

»Die sind unverkäuflich!«, schnauzte er mich an. »Genau wie alle anderen Positionen. Sie wollen doch nur an mein Geld.«

Er nestelte an seinem Einstecktuch.

»Nein, ich will Ihr Geld nur bewahren. Und bei Siemens weiß ich nicht, ob der Kurs noch lange gehalten wird. Noch mehr Pharma-Aktien machen bei Ihnen auch keinen Sinn, da Ihnen ja eh schon das halbe Unternehmen gehört.«

Er schaute mich misstrauisch an und tupfte sich den nicht vorhandenen Schweiß von der Stirn. Ich lächelte ihn freundlich an und erfand spontan eine auf ihn zugeschnittene Geschichte.

»Es gibt einen klassischen deutschen Aktientitel, der in Kürze eine Kapitalerhöhung bekannt geben wird. Das ist noch nicht offiziell, aber es ist mit einer deutlichen Kurssteigerung zu rechnen. Außerdem passt der Wert sehr gut in Ihr Gesamtportfolio, und die Dividendenrendite ist auch nicht von schlechten Eltern.«

Er hörte interessiert meinen Ausführungen zu.

»Welches Unternehmen ist es?«

»Ich spreche von der Lufthansa.«

Herr Maybach winkte ab.

»Ach, papperlapapp, ich brauche keine Kursgewinne mehr, diese Jahre sind vorbei. Ich kann das Geld alleine eh nicht ausgeben. Also warum soll ich mich mit neuen Papieren beschäftigen? Und dann auch noch mit dieser Kranich-Airline. Die haben doch glatt im letzten Jahr die Bademäntel in der First Class eingestellt. Ein Unding.«

»Weil Sie früher viel gereist sind und Sie sich Ihr Leben lang an die Kranich-Airline und die vielen schönen Destinationen erinnern werden. Und dabei greifen Sie noch eine gute Kursentwicklung ab«, flötete ich.

»Ach Gottchen, das klingt alles sehr verlockend, was Sie mir da erzählen. Aber ich bin nicht gewillt, meine Papiere zu verkaufen.«

Er drehte ungeduldig an seinem Hut.

»Und woher wissen Sie das alles so genau?«

Ich holte tief Luft und setzte zu meinem letzten Schachzug an. Gleichzeitig warf ich ihm einen bohrenden Blick zu.

»Nun, ich weiß es so genau, weil ich jemanden kenne, der bei der Lufthansa im Controlling arbeitet und maßgeblich an der Kapitalerhöhung beteiligt ist. Mein Lebensgefährte.«

Die Story hatte ich mir ausgedacht, ich wollte Herrn Maybach damit ködern, dass ich ebenfalls schwul bin und dabei auch noch über angebliche Insiderinformationen verfügte. Nach einer gefühlten Minute des Schweigens schmunzelte er und zwinkerte mit dem rechten Auge.

»Nun, wenn das so ist, müssen wir aus der Community ja zusammenhalten. Also dann: Tun Sie, was Sie nicht lassen können und tauschen Sie die Siemens-Aktien in Lufthansa-Aktien!«

Ich wagte es kaum zu atmen und guckte todernst.

»Aber kommen Sie mir jetzt nicht jede Woche mit einer schönen Anekdote. Denn Sie wollen ja nur an mein Geld.«

Fünfundvierzig Minuten und einen warmen Handschlag später wechselten Papiere im Wert von acht Millionen Euro den Besitzer. Und die Bank freute sich über eine Provision in Höhe von nie dagewesenen achtzigtausend Euro. Mit diesem Deal wurde ich zum Held in der gesamten Region. Dies war übrigens auch der erste und einzige Auftrag, den ich in meiner Karriere an der Börse direkt telefonisch und mit dem Zusatz »Interesse wahrend« platzierte.

Ein anderer Kunde, an den ich mich noch gut erinnere, ist Dr. Igor. Dr. Igor hatte über eine Million Euro bei der Bank im Depot und den gleichen Betrag als monatliches Festgeld angelegt, das automatisch bei Auslauf verlängert wurde. Es handelte sich hierbei um eine ziemlich unsinnige Art der Geldanlage. Da sie der Bank aber eine regelmäßige Provision bescherte, wurde sie häufig bei unwissenden Kunden angewendet.

Ich bat darum, Kontakt zum Kunden aufnehmen zu dürfen, doch der Bank war weder eine Telefonnummer noch eine Adresse bekannt. Mir kam eine Idee, die ich mit meinem Kollegen besprach.

»Könnten Sie dem Kunden eine Nachricht auf den Kontoauszug schreiben? Vielleicht liest er sie ja, wenn er die Buchungen durchsieht und kann uns dann ansprechen.«

»Diese Möglichkeit lässt das System nicht zu.«

Ich dachte kurz nach.

»Aber wir könnten eine Mitteilung in den Buchungstext schreiben, wenn wir ihm etwas überweisen.«

»Das würde gehen.«

Auf dem Schreibtisch sah ich einen Pfennig an der Büroklammerdose haften.

»Hier! Den zahlen wir jetzt auf sein Konto ein. Dann haben wir eine Buchung und können die Nachricht übermitteln.«

Gesagt, getan. Auf seinem nächsten Bankauszug erfuhr Dr. Igor, dass seine Bank ihn dringend wegen seiner Geldanlage zu sprechen wünsche.

Und tatsächlich: Kurze Zeit später tauchte Dr. Igor in der Filiale auf. Gemeinsam legten wir seine Anlagestrategie fest, ein paar Kreuzchen hier und ein paar Kreuzchen da. Unterschreiben und fertig. Zwei Millionen Euro wanderten vom Depot des Kunden in die Vermögensverwaltung der Bank. Aus einer Karteileiche wurde ein fetter Private Banking Kunde mit ebensolcher Provision für die Bank. Und das alles nur, weil ich mit ein bisschen Kreativität und einer einfachen, originellen Lösung meinen Job gut gemacht hatte.

Ja, ich war richtig erfolgreich, und meine Kunden mochten mich. Das lag einerseits sicher an meiner charmanten, aber verbindlichen Art, andererseits vielleicht auch daran, dass ich die Dinge eher auf unkonventionelle Weise anging. Meine Zielzahlen erfüllte ich schnell und ich verkaufte alles, was nicht niet- und nagelfest war, von der Schiffsflottenbeteiligung bis hin zu Medienfonds. Alles, was als Verkaufsempfehlung aus der Zentrale in Frankfurt vorgegeben wurde, packte ich meinen Kunden ins Depot.

Auch die Arbeit mit den Kollegen im Service machte mir Spaß. Mit einem kurzen Gespräch oder einem Witz zwischendurch pflegte ich den wichtigen kleinen Dienstweg und konnte so das ein oder andere schneller erledigen. Sicherlich trug meine lustige und lockere Art zu einer besseren Stimmung bei, was auch auf meine Kollegen motivierend wirkte.

Im letzten Quartal des Jahres gab es eine neue Kampagne: den Verkauf einer Kreditlebensversicherung für den Dispokredit auf dem Girokonto. Wenn ein Kunde verstarb und sein Konto zum Zeitpunkt des Todes überzogen war, übernahm die Bank den Saldo. Diese Dispo-Lebensversicherung war ein cleveres Produkt, das den Kunden einfach verkauft werden konnte. Während ich dem Serviceteam davon erzählte, erblickte ich eine Dame in der Schalterhalle.

»Passen Sie auf. Ich zeige Ihnen jetzt, wie man die Dispo-Lebensversicherung an den Mann, ich meine an die Frau bringt.«

Nachdem ich der Kundin kurz erklärt hatte, worum es sich handelte, lächelte sie freundlich und zückte den Kuli, um das Antragsformular zu unterschreiben.

»So!«, sagte ich triumphierend, den Antrag vor den Augen der Servicekollegen wedelnd.

»Und jetzt macht ihr das. Wer bis Weihnachten die meisten Abschlüsse hat, den lade ich auf ein Bierchen ein.« Die Kollegen schmunzelten und machten sich mit dem Produktflyer vertraut. Was ich nicht bemerkt hatte: Ich war die ganze Zeit über von meinem Chef Herrn Gerken beobachtet worden. Prompt rief er mich in sein Büro und sprach mich auf die Aktion an. Ich erklärte ihm, dass sich das Produkt gut verkaufen ließe und gleichzeitig einen ordentlichen Mehrertrag bringen würde. Er sah mich ungehalten an.

»Das ist nicht Ihre Aufgabe. Kümmern Sie sich um die Wertpapierkunden!«

Versteinert und fassungslos ließ er mich in der Schalterhalle stehen. Mit einer solchen Reaktion meines Chefs hatte ich nicht gerechnet. Ich wollte mich engagieren und die Kollegen für den Verkauf begeistern, und man hielt mich mit einer klaren Ansage davon ab. Wie schade. Enttäuscht begab ich mich wieder an meinen Arbeitsplatz.

Kurz vor Weihnachten fuhr ich zusammen mit meinem Kollegen Heinemann zu einem Chemiekonzern. Professor Hoffmann, einer der Vorstände, gewährte uns eine Audienz. Ein sehr netter Mann, der sich nicht wirklich für seine Finanzen interessierte und direkt zu Gesprächsbeginn signalisierte, dass er eigentlich bei einem Mitbewerber sehr zufrieden sei. Ich fackelte nicht lange und griff den Punkt auf.

»Das kann ich gut nachvollziehen. An Ihrer Stelle würde ich auch bei nur einer Bank bleiben wollen. Aber welche ist die bessere? Geben Sie uns eine Chance und lassen Sie die Depots gegeneinander laufen. Am Jahresende übernimmt der Gewinner das Depot des Verlierers und Sie haben weiterhin mit nur einer Bank zu tun.«

Ich hatte das Gefühl, dass seine Assistentin, die während unseres Gespräches im Büro herumschwänzelte und mit einer orangefarbenen Gießkanne die großzügige Kakteensammlung mit Wasser versorgte, mehr mit seinen Geldanlagen betraut war als er selbst, denn irgendwann murmelte sie etwas wie »Probier's halt aus«. Während mein Kollege Herr

Heinemann aufpassen musste, dass ihm nicht der Mund offen stehen blieb, unterschrieb Professor Hoffmann vor dem kritischen Blick seiner Assistentin bereits alle nötigen Unterlagen.

Pünktlich zum letzten Arbeitstag am 30. Dezember 2001 erreichte die Filiale ein Geldavis über eine halbe Million Euro und ein Depotübertrag mit Wertpapieren in gleicher Höhe. Als ich erfuhr, dass der Auftraggeber Professor Hoffmann war, kam ich aus dem Grinsen nicht mehr heraus. Ich war richtig stolz und freute mich, dass meine unkonventionelle Vorgehensweise wieder einmal zum Erfolg geführt hatte. Eine besondere Reaktion seitens meines Chefs Herrn Gerken war nicht erfolgt, nur Herr Heinemann freute sich mit mir. Von meiner direkten Kollegin Michaela wiederum erntete ich einen neidischen Blick. Mit meinen Erfolgen ging ich nie hausieren, vielmehr wünschte ich mir, dass meine Vorgesetzten mit eigenen Augen sahen, dass ich gute Leistungen mit Spaß an der Arbeit erbrachte.

Während meines ersten Jahres bei der Discontobank bin ich noch sehr gerne ins Büro gefahren und fühlte mich mit meiner Arbeit richtig wohl. Aber ab Anfang 2001 ging es der Bank merklich schlechter. Dies war uns als Filiale zunächst nicht aufgefallen, zu sehr waren wir mit dem Tagesgeschäft beschäftigt. Wichtige Geschäftszweige waren eingebrochen, und die Bank suchte krampfhaft nach Erträgen. Als Konsequenz erhöhte Herr Gerken meine Zielvorgaben in utopischer Weise. Ich sollte noch mehr Wertpapiergeschäfte tätigen, mehr neues Geld akquirieren und so die Provisionserträge und die Zielvorgaben aus Frankfurt noch besser erfüllen.

Mein Chef kannte in der Situation nur ein Ziel: mehr Profit. Er konnte und wollte nicht verstehen, dass wir seine realitätsfernen Vorgaben mit den gegebenen Mitteln niemals so schnell erfüllen konnten, wie er es gerne gehabt hätte, um vor seinen Vorgesetzten zu glänzen. Viele Kunden hatten großes Vertrauen zu mir entwickelt. Ich war nicht bereit, dies durch schnelle Geschäfte mit der heißen Nadel zu missbrauchen. Der Druck auf den Vertrieb und die Berater wurde nach und nach immer größer, was sich irgendwann auch im Hinblick auf meine Gesundheit bemerkbar machte. Seit Wochen plagten mich Rückenschmerzen und eine innere Gereiztheit. Hinzu kamen Schlafprobleme. Ich suchte einen Orthopäden auf.

Immer wieder schaffte mein Chef es, mich zu desillusionieren und zu frustrieren. Über meine Erfolge konnte er sich nicht freuen, eine Motivation der anderen Kollegen durch mich ließ er nicht zu. Und die Zielzahlen trugen zusätzlich zu meiner Demotivierung bei. Meine Freude an der Arbeit nahm zusehends ab, gleichzeitig fühlte ich mich immer unwohler in meiner Haut. Da ich mir nicht anders zu helfen wusste, zog ich mich allmählich zurück. Ich mied das gemeinsame Essen in der Mittagspause, reduzierte die Gespräche mit den Kollegen auf ein Minimum, mein Humor und meine Leichtigkeit gingen verloren. Heute weiß ich, dass Desinteresse an der eigenen Arbeit und Resignation erste Anzeichen für ein Bore-out sein können. Doch damals konnte ich meine Gefühle nicht einordnen und war schlicht ratlos und überfordert.

Es war offensichtlich, dass auch für Herrn Gerken der Druck von oben immer größer wurde. Und obwohl ich noch mehr Provisionsertrag machen sollte, musste ich zeitgleich auf seine Veranlassung hin meine profitabelsten Kunden an die Hauptfiliale Köln abgeben. Die Forderungen, die Herr Gerken im Laufe der Zeit an seine Mitarbeiter stellte, wurden immer widersprüchlicher und abstruser. Ständig erhielten wir neue Zielvorgaben. Die Belegschaft reagierte geschockt auf das angespannte Arbeitsklima und den raueren Ton. Sogar die Filialleiter blieben davon nicht verschont: Mein Chef führte sie in Meetings regelmäßig vor, indem er sie wie kleine, dumme Jungs behandelte.

Als sich einmal die Gelegenheit ergab, sprach ich einen der Filialleiter darauf an, um zu verstehen, warum und wie er solch eine Behandlung erdulden konnte.

»Wissen Sie, eigentlich bin ich es leid, zu sehen, wie unser Chef in den Meetings mit Ihnen und den anderen Filialleitern umspringt. Das ist doch wie im Kindergarten. Warum lassen Sie sich das denn gefallen? Das haben Sie doch wirklich nicht nötig.«

»Das ist richtig. Aber ich sage mir, der Alte hat einmal im Monat seine fünf Minuten ...«

»Sagen wir, seine sechzig Minuten. Und das letzte Treffen war echt hart!«

»Ja, aber den Rest des Monats lässt er mich in Ruhe. Und dann bin ich in meiner Filiale mein eigener Herr und kann schalten und walten wie es mir lieb ist. Das ist es, wovon ich zehre und was mich motiviert, meinen Job zu machen.«

Mich überraschten diese ehrlichen, aber plausiblen Worte. Trotzdem, so hatte ich mir die Arbeitswelt nicht vorgestellt. Ich konnte nicht nachvollziehen, wie man sich von seinem Chef derart vorführen lassen kann, nur um anschließend wieder für einige Zeit in Ruhe seiner Arbeit nachzugehen. Dieses Verhalten konnte und wollte ich nicht verstehen – und schon gar nicht selber leben.

Ich verlor zusehends den Respekt vor meinem Chef. Immer stärker litt ich unter seit Monaten anhaltenden Rückenschmerzen und hatte inzwischen eine gekrümmte Rückenschonhaltung. Das bemerkten auch meine Kollegen, die mich ständig auf meinen Entengang ansprachen. Ich war mittlerweile beim Orthopäden in Dauerbehandlung und bekam regelmäßig Spritzen. Die Schmerzen waren heftig, schlugen mir sehr stark aufs Gemüt und ließen mich sehr reizbar werden. Obwohl die Behandlung über Wochen fortgesetzt wurde, trat keine Besserung der Beschwerden ein. Die Spritzen wirkten nur für den Moment und die Schmerzen kamen immer wieder.

Ich saß zum wöchentlichen Jour fixe im Büro meines Chefs, das wie gemacht war für eine Comedy-Fernsehserie. An der rechten Wand stand sein geliebtes Aquarium, in dem die Fische gelangweilt herumschwammen. Gegenüber hing ein Regal mit einer Kakteenkollektion. Neben seinem Schreibtisch befand sich rechts und links jeweils eine hohe Birkenfeige, die etliche Blätter verloren hatten. Kein Wunder, denn die Luft im Büro war furchtbar stickig. Zudem hatte Herr Gerken mal wieder fürchterlichen Mundgeruch. Ich versuchte, mir beim Atmen möglichst unauffällig die Hand vor den Mund zu halten und fummelte an meiner Nase herum. Eine Grille hatte sich in das Büro verirrt und zirpte sich den Wolf. Die ganze Situation war total skurril, ich hatte den Eindruck, auf einer Bühne zu sitzen.

Mir wurden wieder einmal neue Zielzahlen kredenzt. Ich sollte die Depots meiner Kunden mit einem großen Anteil an langfristigen Anlagefonds versehen. Ich erklärte Herrn Gerken, warum das für mich als Wertpapierspezialist wenig Sinn machen würde, doch er lächelte mich nur blöde an und gab einen chinesischen Spruch zum Besten.

»Wende dich niemals ab, wenn du einem Hindernis begegnest. Entwaffne es durch Geduld und durch Freude.«

»Klingt vernünftig.« Mehr fiel mir hierzu nicht ein, aber mein Rücken schmerzte höllisch.

Mit ungutem Gefühl verließ ich sein Büro. Ich war meinen armen Kunden gegenüber mittlerweile zu mancher Schandtat bereit, aber das, was er forderte, war lächerlich und völlig absurd. Mich frustrierten diese sinnlosen Aufträge, ich konnte mich nicht mehr mit meinen Aufgaben identifizieren. Die Rückenschmerzen waren ein Hilferuf meines Körpers: Die Dinge in der Bank entwickelten sich immer mehr in eine Richtung, die ich nicht nachvollziehen konnte, und dagegen kämpfte mein Rücken mit starken Verspannungen an. Diese Entwicklung entsprach nicht mehr meinem Anspruch an die Arbeit eines seriösen Anlageberaters. Ich fühlte mich den Kunden gegenüber verpflichtet und wollte deren Vertrauen nicht noch weiter missbrauchen.

Am nächsten Vormittag wurde ich erneut in Herrn Gerkens Büro zitiert. Erstaunt stellte ich fest, dass es keine Tropenakustik gab. Die Grille war verstummt. Vermutlich erstickt.

Mein Chef arbeitete gerade mit dem Diktiergerät und ließ sich von seiner Sekretärin Kaffee servieren. Während sie anschließend begann, die Zierfische zu füttern, saß Herr Gerken minutenlang schweigend hinter seinem Schreibtisch. Weder schrieb er, noch sagte er irgendetwas. Nach einer gefühlten Ewigkeit blickte er auf, als wäre er gerade aus einer anderen Welt zurückgekommen und teilte mir mit, dass er etwas Wichtiges mit mir zu besprechen habe.

Vor ihm lag ein Umschlag. In seinen Händen hielt er einen Revisionsbericht. In den vergangenen Wochen war die Filiale hinsichtlich der Vergabe von Sonderkonditionen geprüft worden. Darunter befand sich auch einer meiner Kunden. Für diesen galten seit einiger Zeit spezielle Konditionen bei Wertpapierorders, die wir in seinem Namen durchgeführt hatten. Allerdings hatten wir das getan, ohne vorab seine Einwilligung eingeholt zu haben. Der arme Kunde war bei jeder Verkaufsaktion ein dankbares Opfer, und um die horrenden Provisionen ein wenig einzuspielen, hatte ich ihm an guten Tagen eine bestimmte Aktienposition verkauft und an schlechten Tagen mit niedrigem Kurs wieder zurückgekauft. Ich rechtfertigte dieses Handeln ohne Rücksprache damit, dass ich ja im Sinne des Kunden gehandelt hatte, indem ich dafür sorgte, dass er regelmäßig Gewinn machte. Herr Heinemann hatte mich ursprünglich auf diese Idee gebracht, und ich hatte sowohl ihn als auch Herrn Gerken mündlich darüber informiert. Doch nun tat der so, als hörte er von diesem Vorgang zum ersten Mal. Er rügte mich, dass ich ohne Kundenauftrag die Wertpapiergeschäfte getätigt hatte, vor allem aber dafür, dass ich nur die Hälfte der eigentlichen Provision vereinnahmt hatte. Meinen Hinweis, dass das Usus sei und Herr Heinemann dies ebenfalls so handhabe, ignorierte er völlig. Er funkelte mich durch seine große Brille an und drückte mir das Schreiben in die Hand.

»Für dieses Verhalten bekommen Sie eine Ermahnung.«

Ich schnaubte hörbar aus, blickte zum Aquarium und sah den beiden kleinen Korallenplatys beim Pipi machen zu, während sich eine Siamesische Rüsselbarbe über die Algen hermachte. Sonst war ich nie um eine Antwort verlegen, doch in dieser Situation wusste ich nicht, was ich erwidern sollte. Ich war sprachlos.

Wütend kehrte ich zurück zu meinem Arbeitsplatz. Meine Kollegin Michaela schaute mich fragend an, während sie den vollgequalmten Aschenbecher leerte. Auf dem Fernseher neben ihr flimmerte eine Fernsehshow.

Ich schilderte ihr, dass ich soeben eine schriftliche Ermahnung von meinem Chef erhalten hatte, woraufhin es zu einem Streitgespräch zwischen uns kam. Sie machte mir den Vorwurf, dass ich mit Herrn Heinemann gemeinsame Sache bei den Kunden machen würde. Ich vermutete seit Längerem, dass sie auf meinen Erfolg eifersüchtig war. Sie war schon lange in der Bank tätig und hatte sich im Laufe der

Jahre bis zur Spezialistin für Wertpapiere hochgearbeitet. Nun warf sie mir vor, ihr die Kunden zu klauen. Ich versuchte, mich zu verteidigen und erklärte, dass es mir Spaß mache, mir kreative Lösungen zu überlegen. Doch damit stieß ich bei ihr auf taube Ohren.

Kurze Zeit später kam ich zufällig am Büro von Herrn Gerken vorbei. Die Tür war nur angelehnt, und ich bekam einige Fetzen eines Gespräches zwischen ihm und Michaela mit.

»... aber Sie wollten ihm doch eine Abmahnung geben für die Sonderkonditionen!«

»Das haben die Kölner nicht zugelassen, dafür ist die Gefahr auch zu groß, dass seine Erträge einbrechen und er uns verlässt.«

Nun war mir klar, dass ich die Ermahnung durch Herrn Gerken meiner direkten Kollegin zu verdanken hatte. Sie war eifersüchtig auf meinen Erfolg, wusste sogar um den Revisionsbericht. Und nun fragte sie meinen Chef, warum ich lediglich eine Ermahnung und keine Abmahnung bekommen hatte. Ich war total fassungslos und sauer. Von Herrn Heinemann, den ich auf dem Flur traf und über die Ermahnung informierte, kam nur der Hinweis, ich solle mich mit meiner Kollegin arrangieren, auch um des lieben Betriebsfriedens Willen.

Zurück im Büro traf ich auf Michaela: mit Headset auf und einer Kippe in der Hand, während im Fernsehen eine Jugendrichterin versuchte, in ihrem Gerichtssaal für Ruhe zu sorgen. Parallel dazu spielte meine Kollegin ein Kartenspiel auf ihrem Computer, ganz so, als wäre nichts gewesen.

So sah mittlerweile seit geraumer Zeit mein Arbeitsalltag mit Michaela aus: Streitereien und sonstige private, anstrengende Psychogespräche standen auf der Tagesordnung.

Und ständig lief der Fernseher, meist Serien. Auf einen Börsenkanal schalteten wir nur dann, wenn der Chef in unser Büro kam. Außerdem rauchte jeder von uns wohl eine Schachtel Zigaretten am Tag. Wir qualmten so lange, bis das Büro völlig zugepafft war. Aus heutiger Sicht eine beinahe unglaubliche Situation.

Jeden Morgen kaufte ich auf dem Weg zum Büro aus Frust und Langeweile zwei Leberwurstbrötchen nebst Kakao beim Metzger nebenan, was seinen Tribut auf der Waage zollte – und auch auf meinen Hüften. Mein Gesicht war richtig aufgequollen. Doch am schlimmsten waren diese ständigen Rückenschmerzen.

Rückblickend kann ich nur sagen, dass ich aufgrund des ungesunden Lebenswandels in eine Situation geschlittert war, die ich so niemals gewollt hatte. Desillusion und Enttäuschung über meine Arbeit hatten bei mir zu einer nie gekannten Unzufriedenheit geführt. Sämtliche Warnzeichen meines Körpers, insbesondere den unerträglich schmerzenden Rücken, hatte ich ignoriert. Zu guter Letzt waren es die Ermahnungen meines Vorgesetzten und die daraus resultierenden Streitigkeiten mit meiner Kollegin, die das Fass zum Überlaufen brachten. Diesen Zustand konnte und wollte ich nicht länger ertragen. Ich musste hier weg, sonst würde ich durchdrehen!

Zu diesem Zeitpunkt war ich noch immer regelmäßig bei einem Orthopäden in Behandlung. Als ich ihn einmal in seiner Praxis aufsuchte, fragte er mich, ob ich schon einmal überlegt hätte, inwieweit meine Schmerzen eine psychische Ursache haben könnten. Der Gedanke war mir selbst schon gekommen, doch hatte ich mich damit nicht weiter befasst. Nun war ich dankbar, dass er selbst diesen Punkt ansprach und mir im folgenden Gespräch riet, über eine Psychotherapie nachzudenken. Im Nachhinein ein völlig logischer Gedanke, doch zum damaligen Zeitpunkt hätte ich selbst nie den ersten Schritt in diese Richtung getan. Wie blöd eigentlich, das eigene physische und psychische Gleichgewicht so unverantwortlich aufs Spiel zu setzen. Der Orthopäde vermittelte mich an Frau Dr. Müller-Renzen, eine Spezialistin für Psychotherapie und Schmerztherapie.

Der erste Termin fand schon zwei Wochen später statt. Frau Dr. Müller-Renzen und ich verstanden uns auf Anhieb. Nach einem Erstgespräch vereinbarten wir das weitere Vorgehen für die Psychotherapie. Ich bekam ein Schmerztagebuch, um niederzuschreiben, wie sich meine Rückenschmerzen anfühlten: »Ein dumpfer, tiefsitzender Schmerz, der mich, schwer wie Blei, nach unten zieht.«

Wir trafen uns zunächst alle zwei Wochen, später dann monatlich. In ihrer Kartei und in ihrem Kopf wurde ich geführt als der »schwule Banker mit dem Rückenleiden«. Die Therapie half mir, meine Vergangenheit und Kindheit aufzuarbeiten. Frau Dr. Müller-Renzen ergänzte die Behandlung um eine Schmerztherapie mit Akupunkturnadeln, außerdem behandelte mich parallel eine in der Praxis ansässige Osteopathin. Diese Kombination bekam mir sehr gut, die Rückenschmerzen nahmen deutlich ab. Die Sitzungen brachten mir vor allem zwei Erkenntnisse. Erstens: Ich brauche dringend einen Job, der zu mir passt. Und zweitens: Ich muss damit aufhören, mich zu verbiegen und es allen recht zu machen. Mit Hilfe der Therapie gelang es mir auch, in meinem privaten Umfeld nein zu sagen und mich aus vermeintlichen Freundschaften, die mir nicht gut taten, zurückzuziehen.

Mein Entschluss stand also fest: Ich würde mir einen neuen Job suchen. Im Februar 2002 machte mein Lebensgefährte Simon mich auf eine Stellenanzeige aufmerksam: Die KonsumBank suchte einen Projektmanager im Marketing für Investmentprodukte und Verkaufsprozesse.

Die Stellenbeschreibung klang interessant, Aufgaben und Profil lasen sich gut, wenngleich ich zunächst von all den Anforderungen und gewünschten Qualifikationen etwas eingeschüchtert war. Simon wischte meine Bedenken jedoch beiseite und noch am gleichen Tag schrieb ich eine Bewerbung. Schon wenige Tage später lud mich eine freundliche Stimme auf meinem Anrufbeantworter zu einem persönlichen Gespräch nach Düsseldorf ein. Da ich zu diesem Zeitpunkt noch bei der Discontobank arbeitete, gab ich einen auswärtigen Kundentermin als Vorwand an, um das Büro vorzeitig verlassen zu können.

»So Chef, ich bin dann mal weg, die Millionen sind verschoben.«

Mit diesem Spruch verabschiedete ich mich gegen 14 Uhr aus dem Büro, um den Bewerbungstermin wahrzunehmen.

»Schon Feierabend?«

»Nein, ich habe noch einen auswärtigen Kundentermin. Ich werde Ihnen das Ehepaar in Kürze vorstellen, die werden von der Filiale Leichlingen aus betreut, und ich mache mit den beiden die konsolidierte Depotaufstellung.«

Ich war selbst darüber erschrocken, was ich mir in einer solchen Situation aus den Fingern saugen konnte. Mein Chef hörte mir nur mit halbem Ohr zu, denn seine Sorge galt vielmehr dem Aquarium.

»Ich glaube, die dicke Gerda ist krank. Sie rührt sich gar nicht mehr, hat nicht Puh gemacht.«

Er meinte damit seine siamesische Rüsselbarbe. Nachdenklich schaute er mich an.

»Und das Futter hat sie auch völlig ignoriert.«

Ich dachte kurz nach, was ich darauf wohl erwidern könnte.

»Haben Sie schon mal überlegt, eine Rotlichtlampe vor das Aquarium zu stellen? Gerade in der jetzigen Jahreszeit sehnt sich doch jedes Tierchen nach Licht und Wärme.«

»Ja, vielleicht haben Sie recht.« Er schaute erst mich, dann die dicke Gerda besorgt an. Da in dem Moment sein Telefon klingelte, winkte ich kurz zum Abschied und verließ die Bank in Richtung Düsseldorf.

Am Bewerbungsgespräch nahmen ein Mitarbeiter der Personalabteilung sowie Tom Nordmann, der mein zukünftiger Chef werden sollte, teil. Der Personaler war eine gut aussehende Schwulette mit schönen Händen und gepflegtem Äußeren. Plötzlich nahm ich hochinteressiert am Gespräch teil. Nach einem netten Vorgeplänkel kamen wir auf den neu auszubauenden Bereich der Vermögensberatung zu sprechen. Ich müsste mir darüber im Klaren sein, dass ich als Wertpapierspezialist hier nicht die Papiere handeln würde, wie ich es bei meinem aktuellen Arbeitgeber machte. Ich blickte nickend in die Runde und überzeugte mein Gegenüber, indem ich mit Fachwissen glänzte.

»Ja, das ist mir bewusst. Zwar bin ich derzeit in Ausbildung zum Spezialist für Derivate und belege fleißig interne Seminare zum Thema ‚Options and Futures‘, aber das macht mir auch privat so viel Spaß, dass ich das für mich selbst und meine eigene Horizonterweiterung lerne.«

Die beiden schauten mich begeistert an.

»Aber schließlich, meine Herren, sind dies nur individuelle Geschäfte. Die Musik spielt woanders. Letztlich geht es doch um vernünftige Investmentfonds von guten und renommierten Kapitalanlagegesellschaften und damit verbunden beim Kunden um eine gute Asset Allocation. Alles andere ist Blödsinn.«

»Das ist genau mein Reden.«

Tom Nordmann nickte anerkennend. Das war ein Treffer ins Schwarze.

Drei Tage später war eine Mitteilung der KonsumBank auf meinem Anrufbeantworter. Zusammen mit Jacqueline und Norman, mit denen ich gerade vom Joggen zurückgekommen war, hörte ich mir die Nachricht an. Anstelle eines von mir eingesprochenen Textes war ein Lied von Alexandra auf meinem Anrufbeantworter zu hören. Bevor der Anrufer also eine Nachricht für mich hinterlassen konnte, sang sie ihm zunächst melancholisch ins Ohr: *»Sag mir, was du denkst, sag mir, was ist geschehen«.*

Der Personaler von der KonsumBank verschluckte sich vor Lachen und bekam einen Hustenanfall. Er entschuldigte sich freundlich und rasselte dann, ohne ein Blatt vor den Mund zu nehmen, die Vertragskonditionen herunter. Man bot mir eine Festanstellung und ein Jahresgehalt von sechzigtausend Euro an.

Die Höhe des Gehalts schockierte mich und sofort meldeten sich Selbstzweifel, ob ich die Erwartungen an den Job tatsächlich würde erfüllen können.

»Ach du Scheiße, habt ihr den Betrag gehört, den die zahlen wollen? Das ist ja der Hammer! Hoffentlich schaffe ich das überhaupt alles. Mir wird gerade ein bisschen bang.«

Norman lachte laut auf und grinste über beide Ohren.

»Hör ihn dir an. Ob ich das schaffe? Alter Schwede! Vor ein paar Wochen hast du hier noch gesessen und dich beschwert über die Arbeit bei den Hohenbergs und bei Heinz Erhardt und der qualmenden Prinzessin. Und jetzt bekommst du so ein Bombenangebot! Klar schaffst du das! Daran habe ich überhaupt keine Zweifel!«

Norman hatte recht, ich wollte beim neuen Arbeitgeber mein Bestes geben!

Kapitel 3:
Welcome to Amiland

Mein neuer Job rückte in greifbare Nähe. Die Bank sandte mir Unmengen an Infomaterial und Vertragsunterlagen, ich unterschrieb ein Papier nach dem anderen, von Ethikprinzipien bis hin zur Einwilligungserklärung zum Übertrag von geistigem Eigentum an die Firma.

Nachdem ich von meinen letzten beiden Arbeitgebern ein Buch über die Firmengeschichte als Geschenk erhalten hatte und ich lediglich einen Vertrag unterschreiben musste, lernte ich hier nun den gesamten Recruiting Prozess eines amerikanischen Unternehmens kennen. Mein erster Arbeitstag im Sommer 2002 begann mit dem Workshop *Great Place to Work*, wo ich auf die KonsumBank und die Philosophie des Hauses eingeschworen wurde – ich war total begeistert.

Am darauffolgenden Tag stellte mich Tom Nordmann der gesamten Mannschaft vor. Sie bestand größtenteils aus Leuten in meinem Alter, die sehr nett und aufgeschlossen schienen. Und auch mit dem Marketingdirektor verstand ich mich auf Anhieb.

Ich fand es toll, dass die Bank jedem neuen Mitarbeiter einen Mentor zur Seite stellte, eine Art Betreuer für die Anfangszeit. Der Mentor half mir dabei, mich schnell zu integrieren und beantwortete jederzeit meine vielen Fragen. Ich fühlte mich innerhalb kürzester Zeit in meinem neuen Umfeld sehr wohl.

Zu diesem Zeitpunkt endete meine Psychotherapie. Mein Rücken hatte sich inzwischen erholt, und auch mein Gesamtbefinden war sehr gut. Ich war ruhig und fühlte mich entspannt. Die Behandlung bei der Psychotherapeutin hatte insgesamt eineinhalb Jahre gedauert, und aus der letzten Sitzung entließ sie mich mit den Worten: »Stellen Sie sich heute Abend zu Hause vor den Spiegel und sagen Sie ganz neutral und freundlich: Ich heiße Lars Kutnow und ich bin okay!« In meinem Job wollte ich nun meine gesammelten Erkenntnisse und Vorsätze richtig und gezielt umsetzen. Ab sofort würde ich damit aufhören, mich zu verbiegen und es allen recht zu machen.

Bis zum Ende der Woche hatte ich mit meinem neuen Chef Tom die strategische Marschrichtung besprochen und auch einen Teil der operativen Aufgaben geklärt. Bereits nach kurzer Zeit schickte er mich auf ein einwöchiges Seminar zum Thema Projektleitung. Danach fühlte ich mich richtig fit und bestens vorbereitet für den Job. Die Probezeit verging wie im Flug, und ich arbeitete motiviert und mit viel Spaß in meinem neuen Team.

Sehr gewöhnungsbedürftig an Tom war allerdings, dass er stundenlang behäbig die Gänge entlang schlurfte und ständig mit den Kolleginnen flirtete, ob diese das nun wollten oder nicht. Um Termine kümmerte er sich weniger, lieber ging er einen Kaffee trinken oder eine rauchen. Trotz allem hatte er eine charmante Art an sich, und da er dem Direktor stets den Rücken freihielt, bekam er nie irgendwelche Probleme. Mehr noch: Er hatte komplette Narrenfreiheit. Wir Teammitglieder empfanden sein Verhalten eher als nervig und respektlos, da wir ständig auf ihn warten mussten. Tauchte er dann endlich auf, warf er uns gewöhnlich einen freundlich grinsenden Blick zu und ein genuscheltes »Jetzt nicht!« Manchmal kam er mir vor wie eine Entenmutter, die keinen Bock auf ihre Küken hat.

Wie für amerikanische Unternehmen typisch, jagte eine internationale Audit aus den USA die nächste. Hierbei handelte es sich um regelmäßig wiederkehrende, jedoch un-angekündigte Überprüfungen der bestehenden Prozesse und der globalen Unternehmensrichtlinien durch die amerikanischen Kollegen. Und wenn ausnahmsweise mal keine Audit anstand, dann eine interne Revision. Tom war für diese Prüfungen erster Ansprechpartner. Hin und wieder fing er mich ab, und ich musste ihn zu einem Bistro außerhalb der Bank begleiten, einmal quer durch die Altstadt bis zum Carlsplatz, wo er gewöhnlich einen doppelten Espresso Macchiato nebst zwei Zigaretten zu sich nahm. Ich erhielt dann bei lauter Musik ein genuscheltes Briefing, währenddessen er ein paar unleserliche Bulletpoints und Graphiken auf das mitgebrachte Papier kritzelte. Anschließend überlegte ich dann immer, was er mir hatte sagen wollen. In der Regel erfüllte ich aber seine Erwartungen, und wir wuchsen so zu einer Art Zweckgemeinschaft zusammen. Er hielt die Hände über mich und ließ auch auf sein restliches Team nichts kommen. Mehrfach sogar sagte er zu mir: »Du hast ein sehr gutes Standing, auch bei Daniel.« Dabei hatte mich der Marketingdirektor bis zu diesem Zeitpunkt kaum zu Gesicht bekommen, geschweige denn, dass ich bis dahin an irgendwelchen Meetings im Hause teilgenommen hätte.

In meiner Anfangszeit war ich sehr motiviert und empfand es als selbstverständlich, dass ich auf meinen derart eingespannten Chef geduldig zu warten hatte. Im Laufe der Monate entwickelten sich die Dinge jedoch auf eine Weise, die dazu führten, dass ich mich unwohl fühlte. Ein Gefühl von Unzufriedenheit und Unbehagen machte sich wieder in mir breit. Ich war auf Wartemodus gestellt, hörte ständig »Jetzt nicht!« Diese langweilige Warterei, die unverständlichen »Briefings« am Abend bei Kaffee und Zigaretten – das war nicht das, was ich mir von meinem neuen Job erwartet hatte. Das passte auch nicht zu dem, was ich erst mühsam in der Psychotherapie hatte lernen müssen. Schließlich sollte ich doch eigentlich auf meine Bedürfnisse hören und auch mal nein sagen. Andererseits: Man zahlte mir hier 60.000 Euro im Jahr! Und wenn ich erst sehr spät aus dem Büro rauskam, weil wir wieder ewig auf unseren Chef hatten warten müssen, dann hatte das immerhin den Vorteil, dass die Autobahn nicht mehr so voll war. So redete ich mir meine Situation vor mir selbst schön und ignorierte meine unguten Gefühle – obwohl ich es nach meinen Erfahrungen bei der Discontobank besser hätte wissen müssen.

Tag 6

Den heutigen Tag nutze ich für einen Ausflug zum Royal Chitwan Nationalpark und ich versuche, mich während der abwechslungsreichen Fahrt zu entspannen. Immer wieder beeindruckt mich die Engelsgeduld des Fahrers, wie rücksichtsvoll und vorausschauend er auf diesen chaotischen, serpentinenartigen Straßen fährt. Ich habe mehr Vertrauen in die Fahrkünste dieses Fremden als in die meines Mannes. Ich bremse nicht mit, ich lasse los. Unser cremefarbener Tata juckelt des Weges. Die Nepalesen sind wahre Hupkönige: Hier wird immer und für alles gehupt. Dies ist aber in den seltensten Fälle so aggressiv wie in Deutschland, sondern dient vielmehr dazu, andere zu warnen.

Ich finde es hochinteressant, die fremden Menschen zu beobachten. Sie haben keine Waschmaschinen, sondern sitzen stattdessen an der Straße und waschen ihre Sachen in großen Blechschüsseln. Die Frauen arbeiten in der Hocke und schrubben die Wäsche, während das Wasser aus einem Schlauch in die Schüssel läuft. An anderer Stelle macht ein Mann seine Morgentoilette. Er schüttet sich eine Flasche Wasser ins Gesicht und wischt mit der Hand darüber. So geht es natürlich auch. Die Nepalesen sind mir sympathisch. Zwar sind die Menschen arm, aber bisher hat keiner gebettelt, alle sind beschäftigt und wirken zufrieden. Die Frauen stehen entlang der Straße an den offenen Kochstellen, die meisten tragen bunte, traditionelle Kleidung. Ich habe den Eindruck, als wären die Dörfer und Bewohner hier noch authentischer als in den Orten, in die mich Jinpa in der Nähe von Kathmandu geführt hat.

Mein Fahrer zeigt auf eine sich gabelnde Straße. Rechts geht es ab nach Pokhara, wir fahren jedoch nach links, einen Berg hinauf. Die Straße führt durch ein quirliges Örtchen und wird dann zunehmend schlechter. Irgendwann sieht man fast nichts mehr vor lauter Staub. Ein Schlagloch folgt auf das nächste, dazu ein Verkehr vom allerfeinsten. Das ist die schlimmste Straße ever, und sie will kein Ende nehmen. Solche Staubwolken habe ich noch nie erlebt. Schotterpisten ja, aber die waren immer gut zu befahren, das hier ist echt eine Qual. Vermutlich wurde hier viel während des Monsuns zerstört und bislang nicht wieder aufgebaut. Ich komme mir vor wie Königin Emma in einer Kutsche im achtzehnten Jahrhundert. Ruckel, ruckel. Ich vertilge mein zweites Sandwich. Aus dem Fenster blickend sehe ich: grau. Grauer Dschungel, graue Autos. Wir haben kaum Sicht und trotzdem werden wir dauernd von ächzenden Lkw in bunten nepalesischen Farben und kleinen Überlandbussen überholt. Ein Glück, dass ich nicht in so einem Ding sitze!

Irgendwann verließ Tom das Unternehmen, und ich war mit sofortiger Wirkung Daniel Malz, dem Marketingdirektor, unterstellt. Ich weiß nicht warum, aber Daniel hatte einen Narren an mir gefressen. Ich erhielt spannende und abwechslungsreiche Aufgaben, durfte an Meetings teilnehmen und war sein erster Ansprechpartner für Direkt- und Telemarketing. In der Zwischenzeit hatte ich ein profundes Netzwerk aufgebaut und erfolgreich ein Telemarketing-Team für die Vermögensberatungskunden implementiert. Sogar der Vorstand lobte mich einmal per EMail mit den Worten »Well done.« Daniel Malz freute sich darüber mehr als ich.

»Die musst du ausdrucken und einrahmen!«

»Ja, aber das geht hier alles so im Schneckentempo. Wir haben hier so viele Projekte, die wir noch anstoßen müssten. Ich kann gerne einige Aufgaben mehr übernehmen.«

»Alles zu seiner Zeit, Lars. Du musst dir deine eigene kleine Welt hier bauen!«

Mit diesen Worten entließ er mich zurück an meinen Arbeitsplatz. Trotz der interessanten Projekte hatte ich viel Leerlauf und begann mich zu langweilen. Ich hätte gern mehr gearbeitet und fühlte mich unterfordert. Meinem Rücken machte das zum Glück nichts aus, es ging mir gesundheitlich gut, und so konnte ich das wenige, was ich auf dem Tisch hatte, immerhin mit viel Liebe zum Detail ausarbeiten.

Großartige Projekte gab es nicht viele. Die wenigen aus der EMEA-Region – also aus London – europaweit auferlegten einheitlichen Marketingkampagnen und Testprojekte überließ mir Daniel ohne mit der Wimper zu zucken. Sie interessierten ihn nicht, und er vertraute mir. Andere Kollegen kämpften mit ihm vergebens um ein noch so kleines Budget, während ich mit beinahe schlechtem Gewissen das schöne Geld der Bank für die abstrusesten Projekte mit vollen Händen zum Fenster hinausschmiss. Bei einem gemeinsamen Kaffee teilte ich Daniel meine Bedenken mit.

»Sag mal, eigentlich kann man doch diese ganze EMEA-Region zumachen. Das ist doch die reinste Beschäftigungstherapie hoch bezahlter Leute.«

Daniel grinste nur.

»Ja, das ist zutreffend. Aber wenn du die alle entlässt, hast du auch auf einen Schlag viele Arbeitslose. Wo sollen die hin?«

Ich wurde nachdenklich.

»Das habe ich so noch gar nicht gesehen.«

»Die Frage kannst du dir auch stellen über unser Land. Warum braucht unser kleines Land achtzehn Bundesländer? Und alle damit verbundenen Funktionen mal achtzehn?«

»Daniel, du bist ein Philosoph«, sagte ich augenzwinkernd.

»Nein, das ist das System«, fuhr er fort. »Das ist alles in sich ein System von Sinn und Unsinn. Was zählt, ist der Mittelstand. Aber der wird auch oft für doof verkauft.«

Meine Langeweile im Büro vertrieb ich mir unter anderem mit Filialbesuchen. In Erinnerung blieb mir eine Filiale im Kölner Westen, unweit meiner alten Wohnung. Ich freute mich mehr darauf, den Stadtteil wiederzusehen als die Filiale selbst. Die Filialleiterin war von ihrer Arbeit so entzückt, als wäre hier der Nabel der Welt. Mich verblüffte es, mit welcher Begeisterung sie in einem langen Monolog von ihren vollbrachten Leistungen und Betriebsergebnissen schwärmte. Fast wurde ich neidisch, denn diese Schwärmerei für den Job hätte ich mir für mich selbst gewünscht. Dabei hörte ich ihr gar nicht richtig zu, sondern war gedanklich mit der Planung eines anstehenden Abendessens mit Freunden beschäftigt. Als ich im Geiste sämtliche Vorbereitungen durchgegangen war, schaute ich die Filialleiterin zufrieden an.

»Wahnsinn, das war echt ein ganz schöner Planungsakt. Das macht doch sehr stolz.«

Sie lächelte beseelt.

»Ja, und nicht nur das. Erfolg macht auch sexy.«

Einmal wurden Daniel und ich zum Vorstand eingeladen, das monatliche »Breakfast of Champions« fand statt. Während ich an einem leckeren Croissant kaute, philosophierte unsere Firmenchefin darüber, welche gute Durchdringung an Privatkrediten wir hatten, und wie selten Kredite dank unseres ausgeklügelten Scorings ausfielen.

Irgendwann meldete ich mich zu Wort, da ich das Gefühl hatte, etwas Sinnvolles beisteuern zu müssen. Mir schlug das Herz bis zum Hals, als ich mich vor der großen Runde äußerte.

»Ich war neulich in einer Kölner Filiale zu Besuch. Dort kam das Thema auf, unseren Kreditkunden neben der Kreditrate auch einen kleinen Sparplan auf Fondsbasis zu verkaufen. Wenn der Kunde später seinen Kredit zurückgeführt hat, kann er so auf ein kleines, parallel angespartes Polster zurückgreifen und ein anderes Leben führen.«

»Das glaube ich kaum«, fauchte mich die Vorstandsvorsitzende schnippisch an.

»Wenn ein Kunde freies Geld für einen Fondssparplan hat, dann kann er sich anscheinend auch eine größere Kreditrate leisten. Vielmehr müsste sich hier der Berater die Frage gefallen lassen, warum er nicht, wie von unserem System vorgegeben, einen höheren Kredit abgeschlossen hat.«

Jo, dachte ich mir, *da weißte Bescheid.*

Das Gefühl, Tag für Tag im Büro zu sitzen, ohne mich sinnvoll einbringen zu können, machte mir immer mehr zu schaffen. Unzufriedenheit und Langeweile waren meine ständigen Begleiter. Nichts von dem, was ich vorschlug, wurde berücksichtigt, geschweige denn umgesetzt. Es war frustrierend!

In dieser Zeit lieferte ich viele kreative Ideen in Meetings, um ein höheres Depotvolumen und mehr Kunden zu generieren. Ich wollte schließlich zum Unternehmenserfolg beitragen und außerdem meinem Job als gutbezahltem Projektmanager gerecht werden. In Gesprächen mit den Direktoren aus Vertrieb, Marketing und Vermögensberatung regte ich an, Depotwechsel von Fremdbanken mit entsprechenden Prämien abhängig vom Depotvolumen zu honorieren. Auch das Thema »Kunden werben Kunden« griff ich auf und erklärte, wie man es nutzen könne, um den bestehenden Kunden eine Werbeprämie zukommen zu lassen. Die Direktoren schauten mich schweigend an. Wollten oder konnten sie meine Vorschläge nicht verstehen? Stattdessen spielten sie mit ihren Blackberrys herum. Sprach ich vielleicht chinesisch? Auf jeden Fall war es sehr frustrierend für mich, Zusammenhänge zu erkennen, Lösungen zu sehen und diese zu artikulieren – damit aber ständig auf taube Ohren zu stoßen. Ich kam mir vor, als wäre ich nur Deko im Raum, denn richtig Notiz nahm man nicht von mir. Meine Kollegen und Vorgesetzten verfügten nicht über meine Fachkenntnisse. Das mussten sie auch nicht unbedingt, schließlich hatten sie andere Aufgaben. Mein Problem war jedoch, dass sie nicht bereit waren, auf Leute mit entsprechenden Qualifikationen zu hören. Vielmehr ging es den Alphatierchen darum, eigene nichtssagende Sätze zu spinnen. In Terminen wurden meine Argumente nicht verstanden, nicht aufgegriffen, die Weichen nicht gestellt. Alle schauten mich nur verständnislos an. Anfangs suchte ich die Schuld noch bei mir, dachte, ich könnte mich nicht verständlich genug ausdrücken, wäre nicht dazu in der Lage, mit Argumenten zu überzeugen. Später stellte ich fest, dass ich einfach schneller assoziieren und Lösungen aufzeigen konnte, zumal wenn es sich um Beispiele von Mitbewerbern handelte und diese Kampagnen bereits lange auf dem Markt verankert waren. Nach stundenlangem Debattieren kamen die Direktoren dann jedoch erstaunlicherweise oft auf die gleiche Lösung, die ich ihnen längst präsentiert hatte. *Die sind vielleicht einfach zu doof*, dachte ich resigniert – und die Frustration darüber wurde im Laufe der Zeit immer größer.

Ein Direktmarketing-Projekt stand an, über das die Geschäftsleitung zwischen Tür und Angel entschieden hatte.

Unausgegoren wie es war, sollte es dennoch umgehend realisiert werden. Ich war mir nicht sicher, ob das Projekt wirklich zielführend war, denn es verschlang ein hohes sechsstelliges Budget und uns lagen keinerlei Erfahrungswerte vor. Daniel teilte meine Bedenken nicht.

»Lars, der Vorstand hat gesagt ›machen‹, also machen wir das.

»Und was ist, wenn die Ergebnisse in die Binsen gehen? Wenn die Ist-Zahlen völlig fern des Geplanten sind?«

»Naja, dann passen wir halt den Plan an. Oder haben zumindest wieder was gelernt.«

Ja, gut, so konnte ich das Geld natürlich auch verjubeln.

Einige Zeit nach diesem Gespräch war ich anlässlich des vierzigsten Geburtstages meiner Schwester Nina zu einer Gartenparty eingeladen. Dort traf ich auf Tim, den kleinen Sohn von Freunden, der gerade alles ganz genau wissen wollte und den Gästen Löcher in den Bauch fragte. Mich quetschte er über meinen Beruf aus.

»Ich arbeite in einer Bank. Wir leihen Leuten Geld, damit sie fleißig einkaufen gehen können. Und sich Dinge in die Wohnung stellen, die sie sich eigentlich nicht leisten können.«

Sein Vater Heiko grinste, während Tim mich kauend anschaute.

»Und als was arbeitest du da?«

Meine Schwester prustete los. »Na, jetzt bin ich ja mal gespannt auf deine Antwort.«

»Jo, als was arbeite ich da?«

Ich schaute in die Runde und suchte nach der passenden kindgerechten Beschreibung für das, was ich tagein, tagaus im Büro nicht mache. Augenzwinkernd antwortete ich: »Ich bin – Frühstücksdirektor!«

»Was ist das?«

»Nun, ich werde bezahlt fürs Nichtstun.«

Mein Schwager, der aus vertraulichen Gesprächen wusste, wie sehr mich diese Situation im Grunde meines Herzens belastete, sprach mir Mut zu.

»Tja, so ist das bei jedem anders. Wahrscheinlich hast du einfach noch nicht deine Berufung gefunden.«

So ging es fast zwei Jahre lang weiter. Ich fügte mich meinem Schicksal mit Daniel und war froh um all das Geld, das ich verdiente. Meine tatsächliche seelische Verfassung, hervorgerufen durch Frust und ständige Langeweile, ignorierte ich. Hinter mir lagen ein Studium, eine langjährige Ausbildung und die Zeit bei zwei anderen Banken: Doch ich fühlte mich wertlos, ich bekam viel Geld fürs Nichtstun. Einerseits nagte in mir also das Gefühl, mein eigentliches Potenzial zu verschwenden. Andererseits redete ich mir ein, dass ich eigentlich keinen triftigen Grund hatte, mich zu beklagen. Zu diesem Zeitpunkt hatte ich noch nicht verstanden, dass sich bei mir bereits ein schleichender Prozess in Gang gesetzt hatte, um die negativen Gefühle zu überdecken. Ich versuchte mich selbst davon zu überzeugen, dass alles gar nicht so schlimm sei und ich erst einmal abwarten müsse.

Mein Arbeitsplatz lag in einer verwinkelten Ecke im Marketingbereich. Zu erreichen war er entweder über den Gang, oder man nahm die Abkürzung durch das Nachbar-Cubicle. Irgendwann wurde der Durchgang mit einer Rigipsplatte verschlossen. Nun saßen meine Kollegin Yvonne und ich in unserem Cubicle, glücklich isoliert von der Außenwelt. Wir genossen die Situation und konnten schön ruhig und konzentriert arbeiten.

Kollegen, die wichtig an uns vorbei durch die Gänge und von einem Meeting ins nächste rannten, erstaunten mich immer wieder. Unterm Strich kam meines Erachtens zahlen-

und ertragsmäßig auch nicht mehr dabei heraus als bei meiner Tätigkeit. Ich wollte von Yvonne wissen, wie sie darüber dachte, dass ich augenscheinlich nicht viel zu tun hatte.

»Sag mal, der Oliver rennt immer durch das Büro wie ein aufgescheuchtes Huhn. Hat der echt so viel um die Ohren?«
»Nö, glaube ich nicht. Der ist halt wiieeschtiiig.« Sie dehnte das Wort mit einem langanhaltenden tiefen Ton aus dem Kehlkopf heraus, der unnachahmlich klang und die ganze Ironie der Situation widergab.
»Meinst du etwa so wichtig wie ich?«, zwinkerte ich ihr zu.
»Na ja, Hase, zumindest gibt er sich nach außen hin mehr Mühe.«

Wir hatten in unserem Bereich Marketing eine recht hohe Fluktuation. Insbesondere neue Kollegen, die noch nicht lange bei der KonsumBank arbeiteten, kündigten deutlich häufiger als die Alteingesessenen. Vielleicht hatten die bereits nach kurzer Zeit das System durchschaut und einfach mehr Mut, sich nach einer neuen, passenderen Herausforderung umzusehen. Ich war damals eher bewegungsunfähig und verbrachte meinen langweiligen Büroalltag größtenteils damit, Privatkram zu erledigen. So plante ich zum Beispiel detailliert einen Urlaub in Südafrika für Simon und mich. Gewissensbisse gegenüber meinem Arbeitgeber hatte ich dabei nicht. Genauso wenig stellte ich mir selbst die Frage, wann ich wohl endlich etwas an dieser Situation zu ändern gedenken würde.

Die Ideen für neue, private Projekte gingen mir nicht aus. Ich koche gern und als die Langeweile mal wieder sehr groß war, entwarf ich ein Konzept für privates Catering: DineDaheim – Kochen-zu-Hause. Viele Menschen haben die schönsten Wohnungen, hochwertiges Geschirr und die geilsten Küchen. Genauso viele haben auch null Ahnung vom Kochen. Ich entwarf Szenarien und erstellte Business Cases und irgendwann hatte ich dann meinen ersten Auftrag an Land gezogen: die Ausrichtung eines siebzigsten Geburtstages. Die Planung der Menüreihenfolge, Tischkarten und Dekoration, aber auch die erforderlichen Zutatenlisten und die genaue Zeitplanung: Alles lief während meiner Arbeitszeit über meinen Bürotisch. Zur gleichen Zeit plante meine Kollegin Yvonne ihr neues Haus und überwachte später vom Schreibtisch aus die Handwerker. Und Zeit für Blödeleien und private Schwätzchen fanden wir auch immer. Im Nachhinein frage ich mich, ob meine Chefs wussten, wie viel Privatkram wir im Büro erledigten und ob sie es geduldet haben, solange wir nur die von uns geforderten Leistungen ablieferten.

Mein größtes privates Projekt war das Sammeln von Flugmeilen. Nachdem wir auf einem Flug in die USA aufgrund eines Upgrades in der Business Class geflogen waren, wollte ich dies auf unserem nächsten Flug unbedingt wieder tun. Und so recherchierte ich stundenlang im Internet. Normalerweise hatte die KonsumBank tausend Policies für alles und jeden, und unendlich viele Seiten im Internet waren gesperrt. Für meinen Rechner galten diese Beschränkungen jedoch nicht, weil ich ja schließlich in meiner Funktion ausführliche Marketingrecherchen betreiben musste. Teilweise fesselte mich das Thema Flugmeilen so stark, dass ich hochschreckte, wenn ich zum Essen oder zu einer Besprechung abgeholt wurde. Von einem Kollegen lernte ich das geschickte Meilensammeln mittels Kreditkartenwerbung und Zeitungsabos kennen. Auf diese Weise konnte er sich für kleines Geld Luxusflüge in der First und Business Class leisten. Und das wollte ich auch für unseren Flug in den übernächsten Urlaub nach Australien. Damit waren meine Bürotage gefüllt, und endlich hatte ich ein Projekt mit einem konkreten Ziel und Zeitplan.

Für jedes Abo einer bestimmten Zeitung wurde eine gewisse Anzahl an Flugmeilen gutgeschrieben. Ich bestellte mehr und mehr Abos und ließ sämtliche Zeitungen an meine Privatadresse liefern, erfand Vornamen bis hin zu Lala Kutnow und Gaga Kutnow. Irgendwann hatte ich vierzig Zeitungsabos – sogar mein Nymphensittich bekam sein eigenes Exemplar. Natürlich bezahlte ich die Abos, erhielt aber gleichzeitig so viele Meilen als Prämien, dass uns die Flüge in der Business Class nach Australien letztlich 70 % weniger kosteten, als wenn ich über ein herkömmliches Reiseportal gebucht hätte. Es war zwar nicht ganz einfach, alles im Blick zu behalten, aber ich hatte tagsüber ja ausreichend Zeit und konnte mich voll und ganz auf dieses Projekt konzentrieren.

Ich erinnere mich noch sehr gut an die verblüffte Reaktion meiner Nachbarin Jacqueline, die eines Nachmittags bei mir vorbeikam und mir einen riesen Stapel Zeitungen in die Hand drückte, die im Treppenhaus gelegen hatten.

»Schatz, watt is datt für ´ne Kacke? Führst du da wieder was im Schilde?«

Als ich ihr meinen Plan erklärte, lachte sie schallend los.

»Ja, dann kannste auch für mich ein Abo abschließen.«

Um den Überblick zu behalten, hatte ich im Büro eine wunderbare Exceltabelle angelegt mit Namen, Auftragsdatum, den einzelnen Prozessschritten nebst Status, Kündigungstermin und so weiter. Ich stellte mir plastisch vor, wie der Zeitungsmann mir jeden Morgen diesen Stapel Zeitungen anlieferte, den ich anschließend als morgendliches Ritual wieder im Altpapier entsorgte. Ob er sich darüber wunderte, wie viele Menschen in einer 50 m² großen Wohnung hausen können und wie belesen diese alle waren? Bei der Vorstellung musste ich laut lachen.

Ich hatte einen Riesenspaß und steigerte mich total in diese Thematik rein. Mein Job war völlig in den Hintergrund gerückt. Es gab ja ohnehin nicht viel zu tun, und das bisschen erledigte ich nebenher.

Zeitgleich beschäftigte mich ein weiteres Projekt: Simon und ich wollten in unsere erste gemeinsame Wohnung am Rheinufer in Köln ziehen. Zwei Wohnungen auflösen und eine neue einrichten – ja, da war so ein Bürotag schnell vorbei. Wenn doch einmal das Telefon auf meinem Schreibtisch klingelte, dann machte ich stets einen fitten und kompetenten Eindruck. So professionell war ich immerhin noch. Meine größte Sorge zu der Zeit war, dass ich beim Umswitchen vom privaten in den Büromodus meine persönlichen Exceltabellen nicht rechtzeitig würde abspeichern können. Dann wäre eine Menge Arbeit umsonst gewesen.

Vermeintlich befriedigt fuhr ich abends nach Hause. Für den Arbeitgeber hatte ich zwar wieder so gut wie nichts getan, dafür trug ich aber einen Stoß ausgedruckter privater Unterlagen bei mir.

Wenn ich mir einmal die Zeit nahm, über mein Arbeitsleben nachzudenken, war ich ehrlich verzweifelt. Wie konnte ich bloß meine Zeit im Büro fast ausschließlich mit privaten Dingen verbringen? Bei dem Gehalt, das man mir zahlte? Doch mit diesem Verhalten bin ich nicht alleine. Im Rahmen meiner Bore-out-Recherche stieß ich immer wieder auf Berichte von anderen Betroffenen, die ebenfalls den Großteil des Arbeitstages damit zubringen, private Aktivitäten zu planen, sich in Vereinen zu engagieren, die eigene Selbstständigkeit voranzutreiben und sonstigen Privatkram zu erledigen, der sie von ihrem langweiligen Job abhält. Im Fernsehen wurde von einer Frau berichtet, die während ihrer Arbeitszeit ein Buch geschrieben hat und kurz vor der Veröffentlichung stand. Unglaublich, aber anscheinend ist dieses Verhalten keine Seltenheit. Ich kam mir manchmal vor wie ein alter Notar einer Fernsehsaga, der im staubigen Pennsylvania des neunzehnten Jahrhunderts monatelang auf eine Depesche aus Europa wartete und sich derweil mangels fachbezogener Aufgaben mit seiner Orchideensammlung im Wintergarten beschäftigte. In einer gemeinsamen Mittagspause sprach ich über das Thema mit meinem älteren Kollegen Jürgen. Er war ein sehr fokussierter und konzentriert arbeitender Mensch. Er verplemperte keine unnötige Zeit in belanglosen Meetings, war in der Regel tiefenentspannt und erledigte seine Arbeit dennoch zuverlässig.

»Das mach ich noch schnell zwischen Butter und Kartoffeln«, pflegte Jürgen in diesem Zusammenhang so schön zu sagen. Ich mochte ihn, er hatte das System schon lange durchschaut, wurde aber allseits respektiert und in Ruhe gelassen. Außerdem hatte die Bank genügend junges Gemüse, das aufgescheucht durch die Gänge hetzte, um noch schnell die Welt zu retten und das große Rad zu drehen.

Es gab Currywurst mit Pommes, ein typisch deutsches Kantinenessen, ungesund hoch zehn. Die Wissenschaftler zerbrechen sich vermutlich nach wie vor den Kopf darüber, warum sich bei diesem Essen regelmäßig in den Kantinen Schlangen bilden, um diese Köstlichkeit auf einem Plastiktablett zu Magen zu tragen. Aber wehe, die Pommes sind nicht salzig und knusprig oder die Soße ist nicht scharf genug! Dann ist der restliche Tag im Eimer und miese Laune im ganzen Haus vorprogrammiert.

Jürgen hatte inzwischen auch bemerkt, dass ich Daniel oft zu Terminen und Meetings begleitete und er riet mir, dies zu nutzen, solange ich die Gelegenheit dazu hätte. Ich vertraute ihm an, dass ich in keiner Weise ausgelastet sei und oft Leerlauf habe.

»Ganz ehrlich, Jürgen. Ich habe mit Daniel schon so oft darüber gesprochen, wo wir ansetzen könnten, um mehr Depotvolumen zu generieren und neue Kunden zu gewinnen. Sogar die dazugehörigen Marketingkampagnen und Werbemaßnahmen habe ich ihm bereits mehrfach erklärt.«

»Und was sagt er.«

»Na, er lächelt nett. So ist er halt. Und er sagt ›Klingt gut‹ und ›Alles zu seiner Zeit‹«

Jürgen legte die Gabel beiseite.

»Also, Lars, ich will dir mal was sagen. Es ist eine Schande, wie wenig die dich hier nutzen. Das ist mir auch schon aufgefallen. Wenn ich dein Chef wäre, würde ich dir so viel Arbeit auf den Tisch legen, dass dir die Füße qualmen.«

»Ja, das wäre auch völlig okay. Es ist ja nicht so, als hätte ich keine Lust zu arbeiten.«

»Du bist hochbezahlter Projektmanager und bastelst ihm Exceltapeten, die vorher seine Sekretärin gemacht hat.«

»Ja, in der Tat. Und glaube mir, spannend ist anders.«

Mein nächstes Perspektivgespräch mit Daniel hatte ich in drei Monaten. Jürgen riet mir, diesen Termin abzuwarten. Bei meinem guten Standing wäre es strategisch ungünstig, mich jetzt über die Zustände zu beschweren. Ich beherzigte Jürgens Hinweise und bereitete mich in den kommenden Wochen gezielt auf das anstehende Beurteilungsgespräch vor – natürlich neben ausgiebigen Urlaubsplanungen und der anschließenden Erstellung von Reiseberichten sowie diversen anderen privaten Dingen. Dazu brachte ich einige wohlklingende Sätze zu Papier, formulierte meine Wünsche und definierte einen zeitlichen Rahmen für meine Weiterentwicklung. Ich war guter Dinge.

Doch als ich Daniel einige Tage später in seinem Büro

aufsuchte, teilte er mir mit, dass er die Bank verlässt. Das Beurteilungsgespräch würde bereits Cem, sein Nachfolger, durchführen, da Daniel mit sofortiger Wirkung freigestellt war. Zum Abschied riet er mir, meiner Linie treu zu bleiben, da ich so nur gewinnen könne.

Nach Tom und Daniel war Cem nun mein dritter Chef in der KonsumBank – worüber Jürgen nur müde lächeln konnte. Er hatte es in zweiundzwanzig Dienstjahren auf dreizehn Chefs gebracht. Entspannt lehnte er sich in seinem Sessel zurück.

»Jeder Chef ist anders. Der eine ist cleverer als der andere. Und wenn der dritte weg ist, kannst du die Ideen vom ersten wieder aus der Schublade holen, denn in der Regel sind die sich vorher noch nie über den Weg gelaufen.«

Meine zweijährige Zeit unter Cems Führung war einfach sagenhaft. Er ging auf mich ein, verstand mich, glaubte an mich. Er schaffte es, mich an den entscheidenden Stellen zu motivieren, wusste aber auch konstruktiv Kritik zu üben. Ich blühte regelrecht auf, sah einen Sinn in der Arbeit und hatte auch keine Langeweile mehr. Private Dinge erledigte ich kaum noch während meiner Arbeitszeit. Cem war in vielen Bereichen, von strategischen Präsentationen bis hin zum diplomatischen Umgang mit anderen Abteilungen, ein wunderbarer Lehrmeister.

Mein größtes Projekt war die Entwicklung einer Cross-Selling-Strategie, mit der es gelingen sollte, die Einlagenkunden besser an die Bank zu binden und gleichzeitig die hohen Tagesgelder auf den Girokonten in profitablere Investmentfonds zu packen. Cem war von meiner Idee angetan und stellte mir sogar eine Praktikantin zur Seite. Gemeinsam erarbeiteten wir innerhalb weniger Wochen ein aussagefähiges Konzept, von dem Cem beeindruckt war. So hatte ich mir die Arbeit vorgestellt: Ich beschäftige mich intensiv mit einem Projekt, erarbeite – gerne auch im Team – brauchbare Ergebnisse, die zeitnah umgesetzt werden und der Entwicklung des Unternehmens zugutekommen.

So waren bereits viereinhalb Jahre bei der KonsumBank vergangen, und ich erledigte meinen Job entspannt und zufrieden. Gleichzeitig genoss ich mein Privatleben und bereiste mit meinem Partner die schönsten Flecken dieser Welt. Während dieser Reisen erlebten wir fremde Kulturen und vielfältigste Natur, woraus ich über Jahre meine Kraft und Kreativität schöpfte. Man kann also sagen, dass ich sowohl in beruflicher als auch in privater Hinsicht glücklich und ausgeglichen war. Ich hatte seit Langem keinerlei körperliche Beschwerden, mein Rücken war stabil und ich lief in dieser Zeit sogar mehrere Halbmarathons. Alles lief gut, bis ich Egon Enken kennenlernte.

Tag 8

Hinter mir liegen zwei wunderbare Tage mit Safari-Aktivitäten im Chitwan Nationalpark. In der Zwischenzeit habe ich Bekanntschaft mit zwei Frauen gemacht: Karen aus Köln und Beautiful. Beautiful ist eine 45-jährige indische Elefantendame, auf der ich geritten bin. Es war ein absolut erhabenes Gefühl auf dem Rücken dieses Elefanten zu sitzen! Den krönenden Abschluss des Ausflugs bildete ein gemeinsames Bad mit Beautiful. Dieses Gefühl war Balsam für meine Seele und mein Selbstbewusstsein.

Heute reise ich weiter zu einem Ayurvedaresort, wo ich die kommenden vierzehn Tage verbringen werde. Die Fahrt dorthin ist einfach grauenvoll: ein einziges Geruckel auf vom Monsun und damit verbundenen Erdschwämmen völlig zerstörten Straßen, die unter dem dichten Verkehr zusammenbrechen. Wieder werden aus Scheibenwischern Staubwischer. Ganz furchtbar, hier leben die Menschen inmitten von Staub in einer grauen Welt. An der Straße wird ein Huhn gerupft, daneben rasiert sich ein Mann. Alles spielt sich am Wegesrand ab. Wir kommen an vielen Garküchen mit Backsteinherden und Holzbefeuerung vorbei, Obsthändler auf Fahrrädern verkaufen ihre verstaubten Äpfel und Bananen. Ihre Köpfe zieren die traditionellen Kappen, in altrosé gemustert. Frauen hängen frische Wäsche zum Trocknen auf langgezogenen Kordeln auf.

Es ist ein Wunder, dass dem Tata nicht die Achse bricht. Für zweihundert Kilometer brauchen wir sieben Stunden – und mir ist speiübel. Endlich erreichen wir eine Teerstraße. Wie schön, die Dörfchen wieder in Farbe und ohne Staub zu sehen! Wir erreichen Pokhara und kurze Zeit später hält der Fahrer am Lake Begnas. Hier wartet bereits ein Boot, um mich zum Ayurvedaresort zu schippern. Leise bewegt es sich im Wasser vorwärts und mit einem Regenschirm als Sonnenschutz in der Hand erreichen wir 25 Minuten später unser Ziel. Vor mir liegen zwei Wochen Entspannung und Seelenheil.

Nach einer sehr freundlichen Begrüßung wird mir mein Zimmer gezeigt. Statt eines großen Einzelbettes stehen hier zwei Doppelbetten, und der Blick auf den See wird teilweise durch die tiefliegende Decke des Balkons versperrt. Dabei hatte ich extra ein Zimmer der höchsten Kategorie gebucht, um alles perfekt zu haben. Die Berge selbst hüllen sich in Wolken – nach der langen Reise bin ich irgendwie ein bisschen enttäuscht.

Ich beschließe, nur die notwendigsten Dinge auszupacken, denn ich werde bestimmt noch einmal umziehen, hier kann ich mich nicht richtig entfalten. Eine entsprechende Mail an meine Schwester, die mir eine liebevolle persönliche Karte mitgegeben hat, beschert mir einen Smiley mit dem Vermerk »Diva«. Simon hingegen hat volles Verständnis und ermutigt mich dazu, um ein anderes Zimmer zu bitten.

Abends zum Dinner treffe ich auf Mr. Ajun, den Hotelmanager, ein sehr netter Inder, dem ich meinen Wunsch nach einem anderen Zimmer mitteile. Ich bin hier, um Körper und Seele in Einklang zu bringen und kann nicht entspannt in einem Raum schlafen, wo zwei einzelne Betten stehen. Dafür hat er volles Verständnis und ich könne bald in ein anderes Zimmer umziehen.

Bis 19 Uhr ist Happy Hour, und weil ich mit meinem Ayurvedaprogramm noch nicht gestartet habe, bestelle ich mir einen leckeren nepalesischen Cocktail und verspeise einen köstlichen frisch gebratenen Fisch aus dem Begnas-See. Ich freue mich auf die Anwendungen und ruhige Tage im Resort.

Tag 9

Nach dem Frühstück mache ich mit einem Guide eine Wanderung nach Begnaskote. Es stellt sich heraus, dass mein Begleiter auch mein Yogalehrer sein wird. Für die Wanderung sind vier bis fünf Stunden eingeplant, und ich fühle mich voller Tatendrang. Dorf um Dorf geht es den Berg hinauf, Stufen und Wege wechseln sich ab, teilweise ist es sehr holprig, sodass ich aufpassen muss, wo ich hintrete. Doch die Anstrengung hat sich gelohnt: Die Ausblicke, die sich auftun, sind wunderschön.

Wir erreichen unser Ziel bereits nach neunzig Minuten. Mein Yogalehrer ist ganz entzückt, wie schnell wir oben angekommen sind. Das Panorama mit den gewaltigen Sieben- und Achttausendern ist sensationell. Wir verweilen in einem Moment der Stille und genießen die Aussicht auf die Bergkulisse im Yogasitz.

Am Nachmittag habe ich mein Erstgespräch beim Ayurvedaarzt. Seine kleine Praxis, genaugenommen eine Hütte, liegt direkt am Seeufer. Es ist ein typisch indisches Office mit interessanten Postern an der Wand und diversen Medikamenten in Plastikdöschen in einem wackeligen Schrank. Der Arzt nimmt sich Zeit, und ich erzähle ihm offen und ehrlich von meiner aktuellen Situation und meinen Beweggründen für diese Kur. Ich spreche von meiner Depression, meinem lädierten Rücken und meinem Brustkorb, der sich anfühlt, als würde er in einem Panzer stecken. Und zuletzt erzähle ich ihm von der schweren Zeit, die hinter mir liegt und dass ich den Aufenthalt dazu nutzen will, um zu mir selbst zu finden. Einzig Simon bezeichne ich als meine *wife*, denn ich will unnötiges Hinterfragen vermeiden, das würde man hier ohnehin nicht verstehen.

Ich erhalte von meinem Therapeuten Sandros, einem kleinen Nepalesen, eine sechzigminütige entspannende Ganzkörpermassage. Hach, ist das schön! Diese Streicheleinheiten hatten mir auch in meiner schlimmen Bore-out-Phase sehr geholfen. Unzählige Male habe ich mir in dieser Zeit Thaimassagen gegönnt – je länger je lieber. Erst bei den zweistündigen Behandlungen konnte ich richtig abschalten von dem seelischen Stress im Büro. Ich genieße das warme ayurvedische Öl, seinen typischen Geruch nach geröstetem Sesam und frischem Bauernbrot und schlummere direkt ein bei den tollen flinken Händen, die meinen Körper massieren. Zum Abschluss erhalte ich noch eine Kopfmassage und werde in meinen Ayurvedamantel gehüllt. Danach relaxe ich auf dem Zimmer, mache am Nachmittag einen

Spaziergang über die Anlage und genieße anschließend mein ayurvedisch vegetarisches Abendessen. Den schönen Tag lasse ich auf dem Balkon ausklingen. Die Kladde mit meinen Tagebuchaufzeichnungen liegt im Zimmer. Ich verspüre Angst, weiß aber, dass es Zeit wird, mich endlich diesen unangenehmen Dingen zu stellen.

Vor mir eine Tasse Tee, klappe ich mein Laptop auf. Meine Psychologin hatte mir dazu geraten, ihn mit auf diese Reise zu nehmen. Ich brauche endlich wieder eine sinnstiftende Tätigkeit, also soll ich schreiben und dabei auf mich und meine Reaktionen achten. Das sei auch gelebte Achtsamkeit. Ich solle mir meinen Frust von der Seele schreiben.

Ich blicke auf meine wahllos zusammengelegten Unterlagen und beginne, diese im ersten Schritt chronologisch zu ordnen. Ich spüre einen Kloß im Hals, als ich die Namen der alten Kollegen der KonsumBank lese sowie meine Aufzeichnungen zu den Gedanken, die ich damals hatte. Ich bin entsetzt, was ich mir alles habe gefallen lassen und wie schwach ich in meiner Reaktion war.

Nach einer Stunde habe ich mir einen Überblick über die Unterlagen verschafft und stelle fest, dass meine Aufzeichnungen am 19. Januar 2006 beginnen, dem Tag, an dem ich Egon Enken zum ersten Mal begegnet bin.

Ich hatte meinen ersten Arbeitstag nach der Rückkehr aus einem dreiwöchigen Urlaub in Südafrika. Cem rief mich in sein Büro und stellte mir Egon Enken vor, einen neuen Bereichsleiter. Ich reichte ihm die Hand.

»Ey, hallo. Freut mich Sie kennenzulernen! Cem hat mir schon viel von Ihnen erzählt! Ich wollte auch mal nach Südafrika, aber als es soweit war, wurde meine Frau schwanger und da war es vorbei mit der Reiseplanung, scheiße ey!«

Herr Enken zog geräuschvoll die Nase hoch.

Das war unsere erste Begegnung. Er wirkte auf mich wie ein vulgärer Proll. Während des gesamten Gesprächs lachte er nervös und popelte konsequent in der Nase. Dabei lümmelte er breitbeinig auf dem Stuhl herum. Später fragte mich Cem nach meinem ersten Eindruck.

»Na ja, Cem, ganz ehrlich, ich habe bisher noch nie gesehen, wie du dich am Sack gekratzt oder in der Nase rumgepopelt hast.«

»Lars, Egon ist echt okay, ich halte ihn für sehr fähig, von dem kannst du eine Menge lernen!«

Wenige Tage später erfuhr ich von Cem, dass er die Vermögensberatung verlassen und ich zukünftig für Egon Enken arbeiten würde. Eine offizielle Übergabe, geschweige denn ein Übernahmegespräch, erfolgte nie. Cem riet mir, mich mit Egon zusammenzusetzen und ihm meine Cross-Selling-Strategie zu präsentieren.

»Ich glaube, du wirst gut mit Egon auskommen. Wenn das nicht der Fall sein sollte oder du aus irgendeinem Grund unzufrieden sein solltest, dann sag mir bitte Bescheid.«

Und in der Tat, Egon war mit meiner Arbeit zufrieden und lobte meine Cross-Selling-Strategie. In unserem Gespräch entschied er abschließend: »Gut, dann rolle ich die jetzt aus!«

Über die »egoistische« Aussage, dass er die Strategie »ausrollt«, machte ich mir zu diesem Zeitpunkt keinerlei Gedanken. Vielmehr hielt ich sie sogar für korrekt, da die Verantwortung für das Projekt schließlich bei ihm als meinem Vorgesetzten lag. Ich freute mich einfach darüber, dass endlich einmal ein Projekt nicht einfach wieder in der Schublade verschwand, sondern vielmehr in die Tat umgesetzt wurde.

In den darauffolgenden Monaten hatte ich zum ersten Mal, seitdem ich bei der KonsumBank arbeitete, viel zu tun. Obwohl mein erster Eindruck von Egon sehr negativ gewesen war und mir sein Benehmen auch weiterhin befremdlich vorkam, fühlte ich mich so gut und zufrieden wie nie zuvor. Endlich hatte ich einen Chef, der mich forderte, sich für meine Ideen interessierte und von dem ich Projektaufgaben erhielt. Die Aufträge von Egon erfolgten oft kurzfristig, sodass ich auch zeitlich ins Rotieren kam. Aber es machte mir sehr viel Spaß, denn nach den Jahren des Leerlaufs war ich nun dankbar für diese Aufgaben. Mir ging es in erster Linie um einen professionellen Umgang im Job und dass ich für meine Leistungen honoriert wurde. Für das Benehmen meines Chefs war ich schließlich nicht verantwortlich – und ich hätte es wohl kaum ändern können.

Meinem Lieblingskollegen Jürgen erzählte ich bei einem Treffen in der Kantine von Egon.

»Endlich habe ich mal einen Chef, der mich fordert. Der versteht mich so wie ich bin. Und das Beste ist, ich habe nach fast vier Jahren endlich so viel Arbeit auf dem Tisch, dass mir, wie du damals so schön sagtest, die Füße qualmen!«

Ich war so damit beschäftigt, meine Arbeit zu erledigen, dass ich lange nicht bemerkte, wie Egon damit begann, mich zu manipulieren. Erst kamen Anspielungen wie »Na, machste hier eigentlich einen auf Teilzeit, ey?«, da ich, wie in den vergangenen vier Jahren üblich, erst um 9.23 Uhr im Büro erschien, wie mir jeden Morgen das Telefondisplay bestätigte. Das hatte sich so eingebürgert, da ich auf diese Weise besser durch den morgendlichen Berufsverkehr kam. Und da wir bis 9.30 Uhr Gleitzeit hatten, war das bislang auch nie ein Problem gewesen. Egon forderte mich auf, zukünftig vor 9 Uhr im Büro zu erscheinen.

Zum anderen eskalierten immer häufiger die Dialoge, die Egon gerne lautstark über die Cubicles hinweg führte und mit einem »Larsi!!!« einleitete. Das war selbst für Jürgen zu viel, den sonst nichts aus der Ruhe brachte. Er wies mich regelmäßig darauf hin, wie sehr ihn das nervöse und hektische Gehabe von Egon bei der Arbeit störe.

»Der macht doch alle ganz bekloppt mit seiner Art. So etwas habe ich in meiner ganzen Dienstzeit nicht erlebt.«

In einem Gespräch wurde ich von Egon darauf aufmerksam gemacht, dass ich zwar gute Leistungen bringe, er aber spüre, dass ich noch nicht ausgelastet sei. Zudem störte es ihn, dass ich regelmäßig um 18 Uhr Feierabend machte. Über diese Äußerungen war ich sehr enttäuscht.

»Im Gegensatz zu anderen Kollegen arbeite ich effizient!«

Egon betrachtete interessiert einen Popel an seinem Finger, bevor er ihn achtlos in die Büropflanzen schnippte.

»Trotzdem, ich bin der Meinung, du kannst mehr und hast deine hundert Prozent noch nicht erreicht!«

Trotz dieser dreisten Aussage freute ich mich insgeheim, dass mich Egon »entdeckt« hatte und ich endlich auch mal für die KonsumBank Leistung erbringen konnte. Gleichzeitig empfand ich es als eine Art Ausgleich für die Zeit, während der ich mich so sehr um meine privaten Angelegenheiten gekümmert hatte. Das mir von Egon einsuggerierte schlechte Gewissen sollte sich in den kommenden Monaten sehr schnell in Überstunden umwandeln.

Hierauf reagierte mein Körper prompt. Meine gesundheitliche Verfassung hatte in den letzten Monaten unter Egon merklich gelitten. Im Juni bekam ich einen Hörsturz und hatte eine Entzündung des Trommelfells. Und auch die Tatsache, dass bereits Mitarbeiter gekündigt hatten, weil sie nicht länger mit ihm zusammenarbeiten wollten, trug nicht gerade zu meiner Entspannung bei. Ich wurde immer nervöser und auch meine Rückenschmerzen waren zurückgekehrt. Simon stellte fest, dass ich neuerdings auch zu Hause immer hektisch war, teilweise sogar in ein aggressives Verhalten verfiel. Zu diesem Zeitpunkt konnte ich mir noch nicht erklären, dass dieses Verhalten von der Arbeit herrührte. Ich nahm einfach das mit ins Privatleben, was ich im Büro tagtäglich vorgelebt bekam.

Im Rahmen des Entwicklungsplanes für Führungskräfte stand bei Egon ein 360°-Feedback auf dem Programm, das gemeinsam mit einem Personalreferenten stattfand. Dieses Feedback war im Hause sehr hoch angesehen, da es für jede Führungskraft freiwillig war. Vor allem bewunderte man den Mut der Führungskraft, sich einer solchen Runde zu stellen, da hier alle Stärken, aber eben auch die Schwächen zum Vorschein kamen. Und es gab Gummipunkte bei der Personalabteilung für die Karriereentwicklung. An der Befragung nahmen alle meine Teamkollegen teil.

Nachdem wir anfänglich noch etwas herumdrucksten, beantworteten wir schließlich sämtliche Fragen wahrheitsgemäß und brachten auch Peinlichkeiten wie Nase hochziehen, in der Nase bohren, sich am Sack kratzen zur Sprache. Am besten war Teresa, die mit ihrem polnischen Akzent die perfekte Beschreibung lieferte.

»Ich findä es unausstählick, wenn är im Meeting da brraitbainig vorr mirr sitzt und sisch kratzt an sainäm Päniss! Da wärde ich auch nächstes Mal sagen: ‚Egon, isch bin einä Damä!'«

Der Personalreferent verzog keine Miene. Er erfuhr von uns auch die verschiedenen Spitznamen und Charakterisierungen, mit denen Egon offen und ohne Hemmungen die Kollegen bedachte.

Die Kollegin aus der EDV-Abteilung nannte er nur »Die Dicke«.

»Boh, die ist so fett, ey. Wenn die einen Furz lässt, dann rappeln die Wände. Der möchte ich nicht nachts begegnen. Die ist echt der Traum meiner schlaflosen Nächte.«

Einen Kollegen, der stets eine Fliege trug, bezeichnete er als »Der Propeller«.

»Was hat denn dieser Frankenstein schon wieder? Ey, der soll sich um seine Scheiße kümmern. Der ist zu blöd zum Kacken. Wir müssen steuern und aktiv sein und dürfen uns nicht ständig von ihm überfahren lassen!«

Sogar der Vertriebsvorstand bekam sein Fett weg. Das war »Der Kinderschänder«

»Boh, sieht der scheiße aus. Und sowas schimpft sich Marketingchef! Der sieht ja aus, als würde der Menschen fressen oder sich an kleinen Kindern … « Er ließ den Satz offen. Ihm gefiel das Foto des Vertriebsvorstands auf einem Flyer nicht, das im Rahmen einer Kundenkampagne vom Marketing erstellt und an alle Mitarbeiter verteilt worden war.

Daneben gab es noch viele andere, auch hochrangige Kollegen im In- und Ausland, über die er sich ähnlich herablassend äußerte. Wir erzählten alles. Der Personalreferent zeigte während des gesamten Feedbacks keinerlei Reaktion auf das Gehörte, ein für uns nicht nachvollziehbares Verhalten. Wir vermuteten aber, dass im Anschluss an die Feedbackrunde Gespräche zu Egons Verhalten stattfinden würden. Oder vielmehr: Wir hofften es.

Wir schilderten auch Egons allgemeine Haltung zu den Themen Vertrauen und Ethik, die bei der KonsumBank großgeschrieben, von ihm jedoch gerne ins Lächerliche gezogen wurden.

Die Bank verfügte in den USA über eine sogenannte Ethik-hotline. Eine Notrufnummer, an die sich Mitarbeiter wenden konnten, die schikaniert, sexuell belästigt oder in sonstiger Weise unfair behandelt wurden.

»Jo, Ethikhotline, da kannste ruhig mal anrufen. Ich weiß, wie du heißt und wo du wohnst. Ethikhotline, das ist doch auch so eine amerikanische Pseudo-Verarsche. Sollen sie mich doch rausschmeißen. Wenn das alles ist, was sie an mir zu monieren haben, dann bin ich hier im falschen Laden.«

Ich bin so schockiert über das soeben Gelesene. Ich hatte gar nicht vorgehabt, mich so lange mit dieser Materie zu beschäftigen. Als ich meinen Rechner runterfahre, ist es fast Mitternacht.

Ich kann bis heute nicht verstehen, wie ich das alles ertragen konnte, ohne zur Personalabteilung zu gehen. Mir fehlte wohl einfach der nötige Mut. Vielleicht war der Schmerz auch noch nicht groß genug, um mich zu einem Jobwechsel aufzuraffen. Im Nachhinein muss ich feststellen, dass ich in der damaligen Situation komplett handlungsunfähig war und mein Instinkt völlig ausgesetzt hat. Simon, meine Schwester und enge Freunde wussten zwar, dass ich unter den Zuständen in der Bank litt, aber keiner war der Situation gewachsen. Es gab niemanden, der mir unter die Arme gegriffen hat und helfend zur Seite stand. Minutiös beschrieb ich ihnen die Vorfälle in der Bank, die ich ertragen musste. Ich wollte unbedingt erreichen, dass man mich versteht und mir Glauben schenkt. Doch sie verstanden mich nicht oder waren einfach nur hilflos und überfordert. Wie sehr habe ich mich nach jemandem gesehnt, der mir einen Weg aus dieser Misere hätte zeigen können. Ich war Simon gegenüber ständig aggressiv und patzig, doch heute weiß ich, dass das Hilferufe waren – die jedoch nicht richtig gedeutet wurden. Rückblickend leuchtet mir auch ein, dass ich viel zu lange gewartet habe, bis ich mir endlich Hilfe gesucht habe. Aber damals habe ich das alles gar nicht richtig realisiert. Ich war zunächst froh darüber, einen Chef zu haben, der mich forderte. Irgendwann hatten sich die Grenzen so weit verschoben, dass ich nicht mehr Herr der Lage war. Ich mag gar nicht weiterlesen. Müde und verwirrt gehe ich ins Bett.

Tag 10

Nach Frühstück, Arzttermin und ayurvedischen Anwendungen erhalte ich heute mein neues Zimmer. Nummer 33, direkter Blick auf den See, nicht so weit zu den Behandlungen, heller und insgesamt luftiger – und vor allem mit großem Bett! Jetzt endlich habe ich das Gefühl, angekommen zu sein. Der Blick auf die Berge beeindruckt mich enorm, vor allem der Machhapuchhare, das »Matterhorn Nepals« oder auch »Fischschwanz«, wie er übersetzt heißt. Zwar ist er mit knapp unter 7.000 Metern der Kleinste unter den Riesen, aber er sieht aus wie ein Berg aus der Werbung für Schweizer Schokolade. Majestätisch erhebt er sich hinter dem See, ist mir zum Greifen nahe. Ich sehe von meinem Balkon aus auf die Annapurna-Gebirgskette, die ca. 30–60 km entfernt liegt. Die Gipfel und der davorliegende See bilden eine unnachahmliche, spirituelle und sehr reizvolle Atmosphäre.

Am Nachmittag steht Yoga auf dem Programm und mein Lehrer freut sich, als ich auftauche. Zwei Stunden werde ich malträtiert. Das ist aber auch ätzend, Gott bin ich ungelenkig. Danach fühle ich mich wie ausgewrungen. Und ich habe Kopfschmerzen. Nach dem Abendessen sitze ich auf dem Balkon mit einem Buch und Ingwertee. Zu mehr bin ich heute nicht mehr in der Lage.

Am nächsten Morgen stehe ich dafür bereits um 6 Uhr frisch und erholt vor dem Yogaraum – ein kleiner Nepalese, der aussieht wie Rex Gildo, kommt mir entgegen. Es ist der Yogalehrer für die morgendlichen Atemübungen. Oweia, wir sind alleine, ich habe quasi eine Single-Session. Wer ist auch schon so blöd und kriecht freiwillig um diese Uhrzeit aus dem Bett? Naja, nun bin ich hier, mein Yogalehrer schmeißt die Klimaanlage an, stellt sie auf 22 Grad und richtet schön das Gebläse auf mich. Dann beginnen wir mit einem sehr langgezogenen OOOOOO-oooooooo-mmmmmm. Ich muss schmunzeln, finde die Situation urkomisch, vermutlich, weil es Neuland für mich ist. Kurz nach sechs in Nepal. Noch drei-, viermal dieses OOOOOO-ooooooo-mmmmmm. Ich mache zaghaft mit, es wird schon helfen. Ich komme mir vor wie bei Monty Python, von meinem Yogalehrer ist ein Singsang zu vernehmen, während ich im Windzug der Aircondition sitze. Ich beiße mir auf die Zunge. Mein Yogalehrer packt eine Gebetskette, eine Art Rosenkranz aus, und so lange die Perlen durch seine Finger gleiten, ommen wir weiter. Derweil wird mein Nacken kalt und ich fühle mich in dieser skurrilen Situation unwohl, weiß nicht, ob ich lachen, davonlaufen oder es einfach über mich ergehen lassen soll. Schließlich fasse ich all meinen Mut zusammen und platze mitten in die Meditation.

»Hello …, sorry … Could you please turn off the aircondition?«

Nun ist der arme Yogi raus aus seinem Konzept, aber ich bin stolz auf meine Willensäußerung und beende die Yogastunde, ohne eine Erkältung davongetragen zu haben.

Nach diversen weiteren Atemübungen folgen ein paar Dehnübungen.

»Now is time to relax!«

Und schon liege ich entspannt auf der Yogamatte, wo ich typischerweise auch sofort einpenne.

»Hello! Hello!? Mr. Lars!«

Ich erwache aus meiner Meditation und gehe torkelnd, aber beschwingt für den Tag, zurück in mein Zimmer. Dort packe ich mein Laptop aus und widme mich wieder meinen Tagebuchaufzeichnungen.

Inzwischen war es Juli 2006, Tom Nordmann, mein alter Chef, kam zurück zur Bank und wurde neuer Marketingdirektor. Für mich war das ein Grund zur Freude, denn an sich hatten wir uns immer sehr gut verstanden. Von Anfang an signalisierte er mir ähnliche Freude und fand regelmäßig Zeit für das eine oder andere Gespräch.

Egon war unser gutes Verhältnis ein Dorn im Auge. Er war jedes Mal aufs Neue verunsichert, wenn Tom und ich miteinander sprachen und wollte anschließend alles ganz genau wissen.

An einem Nachmittag lud Tom mich zu einem Espresso beim Italiener ein. Dort trank er ihn immer noch am liebsten. Wie damals.

Er wollte Hintergründe über meine bisherige Arbeit erfahren. Auf meinen Hinweis, dass die derzeitige Situation unter Egon stark von blindem Aktionismus geprägt sei, reagierte er mit kritischem Blick. Ich betonte, dass ich die aktuelle Situation als sehr bedrückend empfand.

Bei einem dieser Barristabesuche wurde Egon von Tom darüber in Kenntnis gesetzt, dass Tom als Marketingdirektor mit sofortiger Wirkung die Geschicke mit dem Vorstand selbst übernehmen würde, da es sich hier um ein sehr politisches Unterfangen handelte. Egon versuchte zu protestieren, aber Tom hatte sein Revier bereits abgesteckt. Seine Wut über diese Abfuhr ließ Egon direkt an mir aus. Inzwischen bestand sein Tagewerk fast nur noch darin, uns anzutreiben und Druck auf uns auszuüben – und das ungefiltert. Wir fühlten uns regelrecht schikaniert. Alle paar Minuten tönte sein »Larsi?!« durch die Cubicles, lautstarke Gespräche wurden über den Flur geführt. Sämtliche Kollegen hielten Egons Verhalten für höchst unprofessionell und nicht nachvollziehbar.

Ich erinnere mich an viele Situationen, in denen Egon mich wie ein Kleinkind behandelte: »Watt biste so genervt, Larsi?! Biste schlecht drauf?« Währenddessen zog er dann zum Beispiel an meiner Krawatte. Ich ließ alles ohnmächtig und fassungslos über mich ergehen, war wie gelähmt. Egon machte einfach weiter, ohne die anwesenden Kollegen zu beachten. Schlimm war, dass diese Diskussionen mich mehr und mehr an mir zweifeln ließen und ich begann, an die Dinge zu glauben, die er mir vorwarf. Er kritisierte, ich wäre nie auf dem Handy erreichbar. Da es sich um mein Privathandy handelte, lehnte ich es ab, es auf Empfang zu halten. Daraufhin reagierte Egon sehr verärgert und warf mir Bockigkeit vor.

Mitte September hielt ich es kaum noch aus und beschloss, aufgrund der Geschehnisse die Abteilung zu verlassen. Da die Revision Mitarbeiter suchte, vertraute ich mich der Abteilungsleiterin an. Ich kannte sie gut von verschiedenen Sitzungen und wusste zudem, dass sie im Betriebsrat war. Sie reagierte bestürzt über das von mir Geschilderte und empfahl dringend, mich nach etwas anderem umzusehen. Außerdem versuchte sie mich davon zu überzeugen, dass meine Kollegen und ich mit Tom sprechen sollten. Auf den Einwand, dass die Kollegen große Angst vor den Konsequenzen hätten, bot sie an, selbst ein Gespräch mit Tom zu führen. Zum Abschluss gab sie mir einen eindeutigen Hinweis.

»Im Übrigen haben Sie ja auch immer noch die Möglichkeit, sich an die Ethikhotline zu wenden!«

Im Oktober stand VOTE an, die offizielle Mitarbeiterbefragung mit dem klangvollen Namen »Voice of the Employee«. Dies war eines der wenigen Ventile, um unserem Ärger, der sich in den vergangenen Wochen und Monaten aufgestaut hatte, anonym Luft zu machen. Und unser Feedback war sehr negativ, letztlich wurden nur die Extremwerte angekreuzt.

Traurig war, dass die Ergebnisse nie veröffentlicht wurden. Lediglich hinter vorgehaltener Hand war zu erfahren, dass die Bewertungen gerade aus unserem Bereich sehr schlecht ausgefallen waren und auf Anweisung von Tom nicht kommuniziert werden sollten. Es war sehr enttäuschend für uns, dass auch dieses Tool nicht half, uns von Egon zu befreien. Zudem war ich total sauer auf Tom, der keinerlei Konsequenzen aus dem 360°-Feedback und VOTE gezogen hatte. Er ließ uns mit unserem Schicksal alleine. Das war echt bitter.

Mein Gesundheitszustand verschlechterte sich zusehends. Inzwischen hatte ich neben einem Rauschen im Ohr auch noch ein Augenzucken am rechten Augenrand. Die Diagnose vom Neurologen lautete schlicht und einfach Stress. Ich war damals zu gelähmt, um auf die Symptome meines Körpers zu hören. Heute weiß ich, wie wichtig es ist, in solchen Situationen konsequent zu handeln und sich Hilfe zu holen. Das Schlimmste, was man tun kann, ist sich aufzugeben und sich seinem Schicksal zu überlassen.

Im Laufe der Zeit hatte ich einen regelrechten Galgenhumor entwickelt, was sich einmal im Rahmen einer Marketingkampagne mit dem klangvollen Namen »Leckerbissen für Ihr Depot« zeigte. Ich war auf der Suche nach einem Give-away zu Werbezwecken. Wie immer durfte das natürlich nichts kosten und sollte am besten direkt lieferbar sein. In einer Kaffeepause kam mir die Idee, Schokolade zu verwenden. Yvonne und ich entschieden uns für einen Anbieter von Karnevalsschokolade, da die Produktion zu der Zeit gerade auf Hochtouren lief und wir mangels Budget keine Alternative hatten. Zusätzlich wollten wir die als Goldbarren visualisierte Verpackung mit dem Logo der Fondsgesellschaft bedrucken lassen, um auf diese Weise die Kosten weiterreichen zu können. Motto: »Investieren Sie in Gold und genießen Sie die leckere Schokolade.« Egon war von unserem Vorschlag ganz angetan und rannte mit seiner Idee sofort zu Tom. Wenige Wochen später erhielt der Vertrieb bereits die Schokolade, und auch bei uns im Büro stand eine ganze Kiste dieser Köstlichkeit. Yvonne und ich öffneten das Paket.

»Oweia, jetzt bin ich ja mal gespannt.«
Ich fummelte die erste Packung auf und steckte mir ein Stück Schokolade in den Mund.
»Bah, die schmeckt ja komisch!«
Yvonne verzog ebenfalls das Gesicht.
»Ja, das ist halt billiger Jakob, aber das war abzusehen. Da ist ja außer Zucker und Fett nichts drin. Ekelhaft. Darf man das überhaupt als Schokolade deklarieren?«
Yvonne studierte die Rückseite der Süßigkeit.
»Schokoladenanteil sechsundzwanzig Prozent. Oje, das wird Ärger geben.«

Am Nachmittag erhielt Egon bereits einen Anruf aus dem Vertrieb. Aufgebracht rannte er zu uns und schrie uns an.
»Larsi! Was habt ihr da geliefert? Die Schokolade schmeckt scheiße! So etwas können wir nicht in den Vertrieb geben. Seid ihr eigentlich vollkommen übergeschnappt?«
Mir schlug das Herz bis zum Hals. *Bitte nicht schon wieder ein Einlauf von Egon.* Ich blieb trotz meiner Angst ganz ruhig.
»Ach, das ist doch alles Blödsinn, Egon. Der Vertriebler hat keine Ahnung. Die Schokolade ist total hochwertig, das kannst du doch auf der Rückseite nachlesen.«

Ich hielt Egon eine Schokolade unter die Nase.

»Hier schau, der Schokoladenanteil liegt bei sechsundzwanzig Prozent. Dieser lecker feinherbe Geschmack kommt also von dem hohen Kakaoanteil!«

Egon schaute mich hocherfreut an, während Yvonne besorgt die Stirn runzelte.

»Genau, Larsi! Das ist es. Der Vertriebsdepp hat überhaupt keine Ahnung, ey. Genau, das ist der hohe Kakaoanteil!«

Er lief laut polternd zurück in sein Büro, telefonierte mit dem Vertriebler und nutzte diesen als Ventil für seine Aggressionen. Wir hörten sein Gebrüll über den Flur hallen.

»Ach, Sie haben doch keine Ahnung, Sie Arschloch. Ich habe mich von dem Geschmack überzeugt. Die Schokolade schmeckt wegen dem hohen Kakaoanteil so gut! Und jetzt machen Sie Ihren Job richtig und verkaufen Sie diese Scheißfonds!«

Egon knallte den Hörer auf.

Im Nachhinein ist mir unbegreiflich, wie ich mir trotz der Angst vor diesem Menschen und der Gelähmtheit insgesamt so eine Geschichte aus den Rippen leiern konnte. Aber anscheinend entspricht es meinem Naturell, auch in solchen Situationen noch derartige Sprüche rauszuhauen. Eigentlich hätte mir zu diesem Zeitpunkt klar werden müssen, dass ich kreativ bin und dringend einen anderen Job benötige. Stattdessen habe ich in meiner Not mithilfe einer Vermeidungsstrategie weiter mein Dasein gefristet, sehr zum Schaden meiner körperlichen Verfassung. Heute weiß ich, dass es sich hierbei um Merkmale der Krankheit handelt: Menschen mit Bore-out sind ab einem bestimmten Zeitpunkt handlungsunfähig. Mein Körper hat so oft versucht, mich zu warnen! Doch obwohl ich wegen der körperlichen Beschwerden ständig Ärzte aufsuchte, habe ich es nicht geschafft, die

Reißleine zu ziehen und mich mit allen Konsequenzen aus dem Film zu verabschieden.

Mitte Oktober hatte ich Urlaub und bereits eine Woche nach der Rückkehr war ich wieder total entkräftet. Auch mein Ohrensausen war nochmal stärker geworden. Ich traute mich nicht, zum Arzt zu gehen. Zu groß war meine Angst, mich vor Egon rechtfertigen zu müssen, warum ich das Büro schon wieder so früh verlasse.

Ein weiteres Mal stand eine Online-Befragung an. Gemeinsam mit Yvonne musste ich das Management-Feedback für Egon durchführen und seine Kompetenzen als Führungskraft aus verschiedenen Blickwinkeln beurteilen.

Wieder vergaben wir die schlechtesten Noten, und auch diese dritte Beurteilung brachte keine Veränderung herbei, wurde wieder nicht kommuniziert.

Es verging kein Tag ohne Schikanen. Mir saß ständig die Angst im Nacken vor Egon und dessen neuen Ideen. So verlangte er zum Beispiel einmal von mir, einer externen und zu diesem Zeitpunkt bei der Bank nicht gelisteten Agentur streng vertrauliche Unterlagen zu einer Vertriebskampagne zuzumailen. Die Folien sollten für eine Präsentation aufbereitet werden und enthielten interne Zahlen aus dem Retailgeschäft sowie die Marketingstrategie der kommenden Monate. Bei der kleinen externen Agentur handelte es sich um eine One-Man-Show, über die niemandem Näheres bekannt war. Auch lag keine Verschwiegenheitsvereinbarung vor, die aber zwingend erforderlich war, bevor Daten an einen externen Dienstleister weitergeleitet werden durften. Ich lehnte den Versand der EMail über meinen Account ab, mit der Begründung, dass ich damit gegen sämtliche KonsumBank Policies verstoßen hätte. Hierauf reagierte Egon erwartungsgemäß mit Wut und bösen Worten.

Im Beisein eines anderen Bereichsleiters brüllte Egon mich an und zeigte bei jedem Wort drohend mit dem Finger auf mich:

»Das-ist-eine-ganz-klare-Ansage!«

Sein Mundwinkel und die Wangen zuckten vor Wut.

»Stell dich nicht so an! Du bist doch sonst kein Schisser!«

Das Schlimme war: Seine Worte verunsicherten mich völlig und obwohl ich im Recht war, konnte ich nicht mehr zwischen richtig und falsch unterscheiden. In meiner Not und Hilflosigkeit wandte ich mich wie ein kleiner Junge verängstigt an Simon. Ich schrieb ihm eine EMail und bat ihn um seine Meinung. Diese ließ nicht lange auf sich warten. Simon bestätigte, dass ich völlig korrekt gehandelt hatte und riet mir dringend davon ab, die EMail mit den vertraulichen Unterlagen zu versenden.

Ich hielt mich an seinen Rat und letztlich war es dann Egon, der sich um die Weiterleitung der Folien an den Dienstleister kümmerte. Auch Tom bestätigte mir, mich korrekt und im Sinne der Bank verhalten zu haben und sicherte mir volle Rückendeckung zu.

Im Nachhinein empfinde ich es als total erschreckend, dass ich nicht mehr dazu in der Lage war, selbst einfachste Entscheidungen zu treffen. Egon verstand es, mich so zu verunsichern, dass ich irgendwann an meinem Verstand zu zweifeln begann. Geringste Kleinigkeiten warfen mich aus der Bahn und lähmten mich in meinem Handeln und Denken. Dieser Zustand wurde immer schlimmer, bis ich schließlich aus Angst, etwas falsch zu machen, vor jeder Entscheidung Rücksprache mit Simon hielt. Er hörte sich geduldig meine Klagen an, jeden Abend flossen Tränen. Ich glaube, er hatte die Situation falsch eingeschätzt und war selbst zu nah an mir dran und somit zu hilflos, als dass er mich hätte bestärken und unterstützen können. Später warf ich ihm vor, dass ich in dieser Situation mehr Hilfe von ihm gebraucht – und erwartet – hätte. In dem Moment selbst waren wir jedoch beide nicht dazu in der Lage, angemessen zu handeln.

Diese Situation hatte mich unglaublich viel Kraft gekostet. Ende November zog ich mir eine Erkältung zu, ich konnte nur noch krächzen. Meine Hausärztin Frau Dr. Vollmer diagnostizierte einen Virus auf den Stimmbändern verbunden mit einem grippalen Infekt. Das wäre bei mir nervlich, ich solle auf mich aufpassen. Sie machte sich ernsthaft Sorgen um meine Gesundheit und schrieb mich eine Woche krank.

Zurück im Büro, wurde ich zur Begrüßung von Egon direkt verbal massiv angegriffen. Sein Vorwurf ereilte mich aus dem Nichts. Ich würde nicht kommunizieren und müsse dringend an meiner Einstellung arbeiten. Ich schaute ihn betreten an. Es ging um eine EMail, die ich in Kopie von Egon erhalten hatte, Adressaten waren meine beiden Teamkollegen. Als mir diese Mail zugeschickt wurde, war ich bereits krankgeschrieben und hatte somit gar keine Chance gehabt, irgendetwas zu kommunizieren. Besser gesagt: zu krächzen. Ich war so verzweifelt und wie betäubt, dass ich mich nicht mehr richtig artikulieren konnte. Ein Kloß war in meinem Hals und ich hatte das Gefühl, als würde mir der Boden unter den Füßen weggezogen. Ich spürte nur noch blanke Angst und bekam Herzrasen. Für etwas, das ich gar nicht zu verantworten hatte! Doch Egon schien meinen Zustand nicht zu bemerken. Im Gegenteil, er wurde immer patziger und erfand ständig neue Vorwürfe, ohne meine Einwände – sofern ich dazu überhaupt noch in der Lage war – zu beachten. Im Nachhinein ist mir klar: Hier ging es längst nicht mehr um die Ausübung von Druck, vielmehr wurde ich mittlerweile regelrecht gemobbt.

So, wie Egon mit mir verbal und persönlich umging, waren auch seine Kommentare per EMail. Sprachlos und verwirrt wandte ich mich mit einigen ausgedruckten EMails an Tom.

Immer ging es um Lappalien und der Ton war höchst beleidigend. Tom schmunzelte nur. »Der Typ bekommt es nicht gebacken.«

Schön, aber wieso musste ausgerechnet ich mal wieder als Sündenbock herhalten?

Am nächsten Vormittag wurde ich von Egon abgefangen. Er rief mir zu, er wäre von Mittwoch bis einschließlich Montag nicht da. Freundlich erkundigte ich mich, ob er Urlaub hätte, woraufhin er nur verächtlich antwortete, dass ich derjenige sei, der ständig im Urlaub ist. Er selbst nähme an einem Entwicklungsprogramm für Manager teil.

Ich nutzte die Gelegenheit, um ihm mitzuteilen, dass ich selbst an diesem Tag früher gehen müsse. Aus Angst verschnürte es mir die Kehle, als ich sah, wie sein Gesicht langsam rot anlief. Er zitierte mich in sein Büro. Ich erwartete einen neuen verbalen Einlauf, doch Egon suchte lediglich nach einem gemeinsamen Termin für unser Jour fixe. Montag, 18 Uhr.

Scheiße. Ausnahmsweise hatte ich Fußballkarten für den kommenden Montagabend. Eigentlich war ich gar kein Fußballfan, aber der FC Köln hatte einen neuen Trainer, und das war das erste Spiel.

Egon polterte los.

»Das ist echt das Allerletzte! Wenn ich das früher meinem Chef gesagt hätte, hätte er gesagt: ,Dann gehen Sie doch zum Daum, dort können Sie auch gleich bleiben!'«

Ich schaute ihn stumm an und dachte wie ein kleiner unartiger Junge: *Bitte, bitte nur nicht schlagen.* Ich fühlte mich hilflos und Egon völlig ausgeliefert.

»Ich will dir damit nicht gleich die Kündigung signalisieren, aber dass du uns so im Riss lässt. Heute Viertel vor drei, Montag um zwanzig Uhr Daum. Aber jeder muss ja seine Prioritäten selbst setzen! Tu, was du nicht lassen kannst und lass, was du nicht tun kannst.«

Egon suchte weiter nach einem Termin für sein Jour fixe, der Dienstag wäre schlecht, da ginge er zum Arzt. Ich konnte es nicht verhindern, meine Stimme war schneller als mein Hirn, als es schon aus mir herausschoss.

»Ach! Und das ist okay?«

Egon hob seine Stimme und wurde laut.

»Jetzt werd nicht unverschämt!«

»Ich habe keine Lust, mich hier von dir anschreien zu lassen!«

Ich stand auf und wollte das Büro verlassen. Er befahl mir, mich wieder hinzusetzen.

Aus mir platzte es heraus. Sein lauter Ton, seine Wortwahl in den EMails: Ständig signalisiere er mir, dass er mir nicht glaube. Daraufhin warf er mir vor, ich wäre unverschämt und solle nicht persönlich werden. Das Gespräch eskalierte, aber jetzt war es mir auch egal. Ich warf ihm alles um die Ohren, denn mein Fass war nicht nur übergelaufen, endlich hatte ich ein Ventil gefunden, mich ihm gegenüber zu artikulieren. Hätte er mich jetzt gefeuert, so wäre es mir egal gewesen. Ich fragte ihn konkret, was er eigentlich bei mir mit seinen täglichen Attacken bezwecke, denn ich wolle ihm nichts Böses.

Plötzlich veränderten sich seine Gesichtszüge dramatisch und er begann einen Monolog. An seine Worte erinnere ich mich nur zu gut, denn ich hatte noch am selben Abend alles im Tagebuch protokolliert.

»Manche muss man eben mit dem Kopf in die Scheiße drücken, bis sie etwas verstehen. Ich frage mich sowieso, ob ich chinesisch rede, dass mich keiner versteht. Es muss an den anderen liegen! Ihr sitzt den ganzen Tag in der Kaffeebude, aber über wesentliche Dinge redet ihr nicht!«

Egon fuhr in vorwurfsvollem Ton fort.

»Als du letzte Woche nicht da warst, da habe ich dich vertreten, dich in Ruhe gelassen, damit du genesen konntest. Ich glaube, jeder nimmt sich das Beste und Egon muss dem nachstehen. Ich habe hier teilweise bis halb zwölf gesessen. Ich habe zwei Kinder, die ich kaum sehe. Aber das ist der Preis, den ich zahle.«

Ich bekam eine Gänsehaut. Mir war der Typ unheimlich. Dass ich inzwischen über zweihundertfünfzig Überstunden angesammelt hatte, sprach ich am besten gar nicht an. Unser Team war doch hier dasjenige, das als erstes morgens kam und als letztes ging. Egon schimpfte weiter.

»Ich reagiere selten emotional, habe mich eigentlich gut im Griff, aber manchmal geht es einfach zu weit. So doof kann man doch gar nicht sein! Wenn ich mal gehe, soll man nicht über mich sagen ‚Der Egon war ein netter Kerl‘. Mir ist wichtiger, dass ihr etwas von mir lernt und mitnehmt. Das ist hier kein Ponyhof oder Streichelzoo.«

Währenddessen zuckten seine Mundwinkel die ganze Zeit wie verrückt.

»Ich scanne jeden Tag die Zeitungen nach Ideen und das sage ich auch jedem von euch. Das kann doch nicht so schwierig sein, schließlich lautet meine Devise ‚Gut geklaut ist halb gewonnen!‘ Ich kann nicht verstehen, warum ihr nicht auch den Markt richtig scannen könnt! Retail ist Detail, das hat mein früherer Chef immer gesagt!«

Egon schwadronierte weiter über andere Firmen und die Wirtschaft.

»Ich glaube, du lebst in einer Traumwelt. Woanders ist es noch viel schlimmer. Das hier ist doch Pillepalle. Guck sie dir doch an, um 17 Uhr sind die Cubicles wie leergefegt, dann ist kein Schwein mehr da. Das gab es bei meiner alten Firma nicht. Einer meiner Mitarbeiter hatte in einem Jahr tausend Überstunden. Und dafür bekam er am Jahresende eine Sonderzahlung von tausendfünfhundert Euro. Die sind doch hier alle nicht belastbar! Wer sich heute noch auf eine Vierzigstundenwoche und Verträge oder Regelungen beruft, der kann doch nichts mehr werden! Du willst doch weiterkommen und dich entwickeln. Alle wollen sie weiterkommen und sich entwickeln. Alle wollen mehr Geld, schöne Urlaube, lassen aber nach vierzig Stunden den Griffel fallen, das geht nicht!«

Egon warf mir ein Zuckerbrot zu. Er hätte mit der Personalabteilung meinen Entwicklungsplan besprochen. Ich sollte endlich zum Senior Project Manager befördert werden.

»Du siehst also, ich schätze dich und du bist gut, sonst würde ich mich doch gar nicht so mit dir abgeben! Nur so lernst du etwas!«

Auf seinem Schreibtisch lagen einige Präsentationen, unter anderem eine über Marketingaktivitäten, die er sich gestern ungefragt von meinem Tisch mitgenommen hatte.

»Hier, die kannste zurückhaben, da steht nur Scheiße drin, kann man nicht gebrauchen. Also find ich!«

Plötzlich war Egon wieder wie ausgewechselt und lächelte freundlich. Anscheinend lugte da gerade die dritte seiner gestörten gespaltenen Persönlichkeiten hervor. Er suggerierte mir, dass ich zu sensibel sei und nicht alles persönlich nehmen dürfe. Wenn ich eine Führungskraft werden wolle, müsse ich mir ein dickeres Fell zulegen. Wir hätten beide emotional reagiert.

»Das war doch ein gutes Gespräch, aus dem du jetzt gestärkt rausgehst, oder?«

Seit dieser Unterhaltung war ich durcheinander, verwirrt und traurig. Mir wurde bewusst, dass ich die klassische Opferrolle eingenommen hatte. Eine bittere Erkenntnis! Seit einiger Zeit schon führte ich Tagebuch über die Entgleisungen und das Fehlverhalten von Egon. Am schlimmsten war für mich dabei die Tatsache, dass er frühere Vorfälle und Angriffe immer wieder bagatellisierte. Insgesamt hatten in den letzten Monaten die Zahl der verbalen Angriffe und Krisengespräche zugenommen. Und immer wieder ging es dabei um Anlässe, die im Grunde genommen nicht der Rede wert waren.

Durch das ständige »Zuckerbrot und Peitsche«-Spielchen wurden meine Kollegen und ich nicht nur gefügig gemacht, vielmehr verschwammen auch unsere Dimensionen in der Wahrnehmung. Wie betäubt ließ ich die täglichen Demütigungen und das Mobbing über mich ergehen. Fast jeden Abend saß ich heulend im Auto, wenn ich von der Arbeit nach Hause fuhr. Zu allem Überfluss wurde mir suggeriert, dass das alles völlig normal sei und ich mir endlich ein dickeres Fell zulegen sollte. Mit früheren Chefs hatte es diese Probleme doch nicht gegeben – was war hier nur passiert? Warum hatte ich vorher keine Probleme damit, Kritik anzunehmen? Wo war mein Humor geblieben? Und meine Lässigkeit? Ich war nur noch eine Hülle meiner selbst. Versank ich in Selbstmitleid?

Ich nahm die Realität nicht mehr richtig wahr und musste mich selbst bei den kleinsten Kleinigkeiten mit meinen Kollegen abstimmen. Und diese mit mir – um zu vermeiden, dass wir wieder für irgendeine Lappalie einen in die Fresse bekamen.

Außerdem fand ich es unglaublich, wie viel Zeit sowohl mir als auch dem gesamten Unternehmen hierdurch tagein, tagaus verloren ging. Weder meine Kollegen noch ich waren voll einsatzfähig, da wir täglich damit beschäftigt waren, Konflikte zu klären.

Auf der Fahrt nach Hause liefen mir die Tränen über das Gesicht.

Scheiße, was hast du nur für ein Leben? Das kann es doch echt nicht sein, wie kannst du dich nur so schikanieren lassen?

Ich sitze hier in Nepal und kann nicht fassen, was ich lese. Ich kann mir gar nicht mehr vorstellen, dass tatsächlich ich es gewesen bin, dem das alles passiert ist, der sich das alles hat gefallen lassen. Lägen da nicht all die Blätter auf meinem Bett verteilt und wären sie nicht in meiner eigenen Handschrift geschrieben – ich würde es kaum glauben. Erfolgreich hatte ich meine Gefühle und Ängste in den letzten Jahren verdrängt.

Ich mache mich bettfertig, gehe ein letztes Mal auf den Balkon und atme die kühle Bergluft ein. Danach falle ich in einen unruhigen Schlaf.

Tag 12

Mein Wecker klingelt um 5.45 Uhr, ich bin sofort hellwach und mache ich es mir im Meditationssitz auf dem Balkon gemütlich, mit den Matten und Kissen aus dem Zimmer geht das ganz hervorragend. Jedes Mal aufs Neue genieße ich den unglaublichen Sonnenaufgang mit direktem Blick auf den See und den Berg. Der Anblick ist so schön! Er soll sich ganz tief in mir einbrennen, sodass ich ihn in Deutschland jederzeit vor meinem inneren Auge hervorrufen kann. Ich bin so wach wie nie, schließe nur ungerne die Augen, denn das, was ich sehe, ist einfach traumhaft. Nach der Meditation ist mein Kopf ganz leer und ich spüre nichts als meinen Atem und das Hier und Jetzt.

Simon weckte mich mitten in der Nacht aus einem meiner ständigen Alpträume, die mich noch in den Wahnsinn trieben. Schweißgebadet verließ ich das Bett, machte mir eine

Tasse Tee, warf den PC an und begann, in Stichpunkten meine momentane Situation herunterzuschreiben:

Ich fühle mich demontiert und hilflos
- Ich nehme alles an und kann nichts mehr filtern
- Ich muss Sachen umsetzen, hinter denen ich nicht stehe (bzw. die mich nicht interessieren)
- Ich werde gezwungen, Qualität zu sichern und den perfekten End-to-end-Prozess zu liefern, den mein Vorturner nicht beherrscht
- Ich kann nicht abschalten

Ich bekomme sie regelmäßig in die Fresse
- Verbal
- In Form von fehlendem Respekt
- Durch schlechtes Darstellen gegenüber Dritten
- Durch mangelndes Vertrauen
- Mit mir kann man es ja machen

Ich zweifle an mir selbst
- Vielleicht bin ich wirklich schludrig?
- Achte ich zu wenig auf Qualität?
- Egon hat vermutlich recht mit seinen Vorwürfen
- Übertreibe ich und steigere mich rein?
- Ich muss mich zusammenreißen und die Faust in der Tasche machen

Ich habe Angst
- Wie lange soll das noch so weitergehen?
- Kein Ende, keine Besserung in Sicht
- Jeder Tag ist eine einzige Qual
- Ich muss einen Schlussstrich ziehen, es ist keine Basis mehr vorhanden
- Ich werde mich intern nach einer anderen Stelle umsehen

Ich kann das nicht länger Aussitzen!

Ich erstellte ein Gesprächsskript, in dem ich alle vorher erarbeiteten Punkte aufgriff und konkrete Situationen benannte, in denen es zu Problemen mit Egon gekommen war. Ich nahm mir fest vor, dieses bei der nächsten sich bietenden Gelegenheit mit Egon zu besprechen.

Als ich las, was ich mir mitten in der Nacht von der Seele geschrieben hatte, war ich erleichtert und sehr zufrieden. Die Situation, in der ich mich im Moment befand, war grotesk. Ich hatte Existenzangst und war total gelähmt. Ich kam mir vor, wie jemand, der regelmäßig vermöbelt und gefügig gemacht wurde. Jetzt hatte ich es endlich rausgelassen. Ich wollte mich nicht weiterhin derart derangieren lassen und beschloss, zukünftig weniger emotional zu agieren und die Anfeindungen von Egon nicht mehr an mich heranzulassen.

Beruhigt ging ich zurück ins Bett. Ab sofort würden sich die Dinge ändern. Ich war fest entschlossen, meine Opferrolle abzulegen und mir endlich Luft zu machen. Ich war nicht länger bereit, mir die ständigen Vorwürfe gefallen zu lassen.

Meine Wut und Traurigkeit wollte ich nicht länger in die Beziehung hineintragen, denn der Leidtragende war Simon, den ich bei jeder sich bietenden Gelegenheit anfuhr und dem ich immer häufiger aggressiv begegnete. Ich bin im Nachhinein so dankbar, dass es hierüber nie zu einem Streit zwischen uns gekommen ist. Niemals hätte ich es ertragen, wenn die damalige Misere unsere Beziehung in Gefahr gebracht hätte.

Als ich am nächsten Tag erwachte, kam Simon gerade mit einer Tüte Brötchen vom Bäcker. Ihm tat die kalte Luft gut, mir die heiße Dusche. Ich stand im Bademantel am Wohnzimmerfenster mit einem großen Pott Kaffee in der Hand und schaute nachdenklich auf die Schiffe, die unsere Wohnung passierten. Draußen war es sonnig, aber eiskalt.

Die Eieruhr klingelte, ich schaltete den Herd aus und versuchte, mit einem Esslöffel ein Ei zu jonglieren. Dabei fiel es mir auf den Boden und platzte auf. Eigelb ergoss sich auf das Parkett. Simon fauchte, ich geriet in Rage und schrie hysterisch.

»Noch nicht einmal dieses scheiß Ei habe ich im Griff! Das gibt es doch gar nicht!«

Simon schaute mich bedrückt und ratlos an, während ich heulte wie ein Schlosshund und mir die Tränen über das Gesicht liefen. Ich versuchte, sie wegzuwischen.

»Du hast mir gestern Abend nicht gefallen. Nach allem, was du mir erzählt hast, ist der Job einfach nichts für dich. Du musst was Sinnvolles machen, Schatz! Und du musst gucken, dass du von diesem Asi wegkommst.«

Während Simon den Frühstückstisch deckte und mir ein Brötchen aufschnitt, versuchte ich ihm zu erklären, wie ich mich gerade fühlte. Jeden Tag aufs Neue wurde ich erniedrigt und gedemütigt. Und Egon hatte es ja nicht nur auf mich abgesehen, er schikanierte das gesamte Team. Seine Sprüche und die Drohgebärden machten mich total fertig. Außerdem hatte ich Existenzangst, Angst vor der Zukunft. Ich wollte doch nicht auf der Straße stehen! Ich konnte nicht einfach die Brocken hinwerfen. Hätte ich Egon bei der Personalabteilung oder bei der Ethikhotline gemeldet, dann hätte mich die Bank sicher letzten Endes im hohen Bogen rausgeschmissen. Das war meine größte Sorge: alleine und vor dem Nichts zu stehen.

Ich konnte einfach nicht abschalten, musste dauernd an Egon und seine gemeine Art denken. Dialoge mit Egon wiederholte ich anderen gegenüber Wort für Wort, weil ich der Meinung war, dass man mir dann eher glauben würde. Ich wollte unbedingt erreichen, dass sie mich besser verstehen und sich in meine Rolle hineinversetzen konnten. Ich war nicht in der Lage, meine Probleme zu abstrahieren, zu sehr war ich in ihnen gefangen. Dazu kamen ständige Selbstzweifel. Vielleicht hatte Egon ja doch recht mit den Dingen, die er zu mir sagte. Vielleicht war es okay, wie er sich mir gegenüber verhielt

Erneut begann ich laut zu schluchzen und dicke Tränen liefen mir über das Gesicht. Ich fühlte mich wie ein kleines, hilfloses Kind, das den ganzen Tag schikaniert wurde. Ich war so verletzt, das kam immer wieder aus mir heraus. Simon tröstete mich.

»Nicht weinen. Ich weiß auch nicht genau, was ich dir da raten soll. Ihr müsstet euch zusammentun gegen ihn. Lass uns erstmal frühstücken und nachher einen langen Spaziergang machen, vielleicht bekommen wir dann den Kopf frei.«

Am nächsten Morgen wurde ich zu Tom ins Büro gerufen. Egon saß bei ihm, und beide machten bedeutungsvolle Gesichter. Ich wurde zum Mitglied im *Circle of Excellence 2007* ernannt. Diesen Titel erhielt ich als Anerkennung für meine hervorragenden Leistungen im vergangenen Jahr. Tom händigte mir das formelle, jedoch von ihm halbherzig in copy/paste-Manier ausgedruckte Anschreiben aus, in welchem der Fließtext noch nicht einmal vollständig und korrekt erschien. Typisch Tom, alles schnell mit der heißen Nadel gestrickt. Ich bedankte mich anständig.

Nach dieser Belobigung erschienen mir die Sätze, die ich in der Nacht zuvor getippt hatte, irgendwie unpassend. Wieder überkamen mich diese quälenden Selbstzweifel. Vielleicht hatten die beiden ja doch erkannt, dass es nicht richtig war, mich so zu behandeln. Ich legte die Aufzeichnungen vorsorglich in meinen Rollcontainer – ganz nach unten, aber jederzeit griffbereit.

Am gleichen Abend notierte ich folgende Gedanken, die zeigen, wie sehr ich innerlich zerrissen war:

Wahnsinn, ich bin im *Circle of Excellence*, bin Teil der Elite der Bank

- Ich bin undankbar
- Ich bin ein Weichei und woanders würde ich vermutlich total versagen
- Ich habe es nicht anders verdient. Und jetzt sollte ich dankbar sein für die Auszeichnung
- Vielleicht ist Egon gar nicht so schlecht und ich reagiere nur über
- Ich merke, dass sich gerade alles nur noch um meine Psyche dreht

Nachdenklich klappe ich mein Laptop zu. Unfassbar, was habe ich da nur alles über mich ergehen lassen? Zwar liegen die Erlebnisse schon lange zurück, und ich hatte bereits vieles davon verdrängt, aber erst jetzt wird mir das gesamte Ausmaß bewusst. Nie wieder darf mich ein Job so kaputtmachen!

Pünktlich um 9 Uhr sitze ich beim Herrn Doktor und bekomme meine ayurvedische Medizin. Kleine Köttel, die aussehen wie das Rehfutter im Tierpark. Er ermittelt anhand von Fragen meine aktuelle Dosha-Konstitution. Nach der ayurvedischen Lehre ist es wichtig, dass die drei Doshas, also die Lebensenergien Vata, Pitta und Kapha, im Gleichgewicht sind. Nach Abschluss seiner Analyse kritzelt er etwas auf einen kleinen Zettel, faltet diesen und steckt ihn in einen noch kleineren Briefumschlag. Ich brenne vor Neugierde, und als ich in den Behandlungsraum zu meinem Therapeuten spaziere, öffne ich verstohlen den Umschlag. Ich bin ein Pitta-Vata-Mischtyp. Pitta steht für Feuer und Wasser, für

Umwandlung und für Veränderungen im Stoffwechsel. Vata steht für Veränderung, physisch wie psychisch. Geistige und körperliche Energie kommen in Schüben, aber Vata-Typen neigen auch zur Besorgnis. Vom Doktor erfahre ich später, dass Pitta-Menschen sehr ehrgeizig sind und immer perfekt sein wollen. Der innere Leistungsdruck sei so stark, dass sie selten zufrieden sind. Doch das sei kein Grund zur Verzweiflung, beruhigte mich der Doktor. Es dient dem Antrieb, Unmögliches wahr zu machen und keine Mühe zu scheuen. Ich nehme mir vor, im Internet zu recherchieren, was das konkret für mich nun zu bedeuten hat, denn die Beschreibungen sind nicht ganz einfach.

Nach den Anwendungen gehe ich zum See und traue mich endlich ins Wasser. Das ist herrlich, und der Einstieg ist gar nicht so schlimm, wie ich zunächst befürchtet hatte. Das Wasser ist dunkel, ich kann nicht erkennen, wie tief es ist und auf was ich da eventuell treten könnte. Aber alles ist gut und ich genieße es, immer weiter auf den See hinauszuschwimmen. Der See hat eine Temperatur von 24 °C – ein Traum! Wie bei uns im Hochsommer. Ich schwimme weite Bahnen, mal Brust, mal Kraul und steige irgendwann befriedigt aus dem erfrischenden Nass. Zum Trocknen setze ich mich auf eine Bank direkt am See und lese mehrere Artikel im Spiegel. Zurück auf dem Zimmer bestelle ich mir einen frisch gepressten Wassermelonensaft und einen Basilikumtee, der nach einer halben Stunde endlich von dem kleinen schüchternen chinesischen Kellner gebracht wird. Ich komme mir vor wie im Paradies. Zum ersten Mal seit Langem fühle ich mich wieder richtig befreit.

An den Tagesrhythmus in Nepal habe ich mich gut gewöhnt. Ebenso an das ausgiebige Mittagsschläfchen. Ich spüre förmlich, wie sich meine Batterien endlich wieder aufladen. Erst jetzt nehme ich bewusst wahr, welches Erholungsdefizit sich bei mir gebildet hatte.

Inzwischen habe ich beim Yoga einige Fortschritte gemacht. Endlich bin ich dazu in der Lage, die Beine zu strecken und dabei ohne Schmerzen zu sitzen. Ich kann den »Frosch« und den »Liegenden Helden«, komme von alleine in den Kerzenstand und kann den Vierfüßlerstand rückwärts. Das meiste ist Technik und die Überwindung der Angst, dass mein maroder Körper nicht mitmacht. Aber wenn ich erst einmal meinen inneren Schweinehund überwunden habe, gehen die Übungen ganz gut von der Matte. Mittlerweile bin ich von Yoga tatsächlich angefixt und kann mir gut vorstellen, den Kurs in Köln fortzusetzen. Zeit und Muße habe ich ja jetzt.

Das Abendessen, das inzwischen wie alle anderen Mahlzeiten individuell auf mein Dosha abgestimmt wurde, nehme ich gemeinsam mit Karen ein. Wir nutzen die Gelegenheit dazu, uns gegenseitig unsere Lebensgeschichten zu erzählen. Wieder gehe ich zeitig ins Bett, kann jedoch nur mit Mühe einschlafen. Das kleine Dorf gegenüber feiert jeden Abend – was auch immer. Ein feierlustiges Völkchen, irgendwie schön. Nachts schrecke ich aus dem Schlaf hoch. Ich bin ganz durcheinander, bis ich merke, was los ist. Ein Gecko, den ich vor einigen Tagen im Schrank entdeckt hatte, ist auf der Jagd und hat etwas in der Gardine gefangen, was er nun genüsslich zerbeißt. Es hört sich an, als würde jemand Chips essen. Während ich noch überlege, welches Tierchen dermaßen knusprig sein könnte, lausche ich dem nächtlichen Ruf des Geckos. Wie laut so ein kleines Tier sein kann!

»Nu ist aber gut, Liebchen, wir haben 1 Uhr nachts!«

Das sieht mein Mitbewohner dann auch ein und gibt Ruhe. Ich bin ganz froh, dass der Gecko hier ist: Die Tiere sollen ja Glücksbringer sein.

Tag 14

Heute habe ich meinen Reinigungstag. Schon kurz nach 6 Uhr trinke ich mein ayurvedisches Abführmittel. Pfui Teufel, schmeckt das ekelhaft nach Nelken. Zu allem Übel ist das Zeug auch noch fies mehlig und wird immer mehr im Mund. Widerlich! Mehrmals spüle ich mit warmem Wasser nach. Anschließend mache ich meine allmorgendliche Seemeditation im Liegen und eine Bergmeditation im Sitzen und genieße die Ruhe, die den See und die Berge umgibt. Ich merke deutlich, dass es kälter geworden ist. Dafür ist der Sonnenaufgang umso schöner, das Gestein färbt sich heute für einige Minuten richtig rot. Plötzlich legt sich eine schwarze Wolke vor den Berg. Ja, so ist das Leben, mal rosarot, mal wolkig. Dem Berg ist das egal, er ruht in sich. Das ist Achtsamkeit live! Vor diesem Panorama eine Meditation anzuhören und zu verinnerlichen ist ein unbeschreibliches Gefühl! Ich empfinde das als ein unfassbares Geschenk der Natur.

Um halb zehn kommen mein Arzt, mein Therapeut und ein Kellner zu mir. Wow, was für eine Audienz – und ich habe mir noch gar nicht die Haare gemacht. Der Doktor ist ganz happy, misst meinen Blutdruck und staunt über meine sechs Gänge zum Donnerbalken. Der Kellner serviert eine Reissuppe auf dem Balkon, die ich mir in aller Ruhe munden lasse als wäre es ein Sternegericht. Danach widme ich mich wieder meinen Aufzeichnungen.

Das Urlaubshighlight im Jahr 2007 war unsere Reise nach Australien. Vier Wochen genossen Simon und ich das Leben Down Under, und ich kehrte beseelt von den traumhaften Eindrücken und Erlebnissen zurück nach Deutschland – drei Tage im Büro reichten jedoch aus, um jede Erholung zunichte zu machen. Sobald ich mein Cubicle betreten hatte, wurde ich von Egon wegen irgendwelcher Lappalien mit Kritik und Anfeindungen bedacht. Ich musste wieder einmal für ihn Sekretärin spielen und seine nachlässig geschriebenen EMails korrigieren. Und wenn ich mal einen Fehler übersah, stauchte er mich deswegen zusammen mit dem Hinweis, ich wäre unkonzentriert. Aufgaben, die ich eigenständig vernünftig vorbereitete, wurden von Egon zerrissen mit dem Hinweis, ich solle auf mehr Qualität achten. Ich würde keine »runden Sachen« abliefern, er könne sich nicht auf mich verlassen, müsse alles selber machen.

Ich gab Tom ein kurzes Feedback zu Egon und seinen ständigen, kontraproduktiven Entgleisungen. Tom nutzte die Gelegenheit, um aus seinem kleinen geklappten Fenster hinaus zu rauchen. Und das in einer von Amerikanern geführten Bank, die sicherlich auch hierfür eine Policy hatten. Der Typ war aber auch so was von tiefenentspannt.

»Egon meint das nicht so! Der kümmert sich super um euch. Er ist der einzige, der sich für euch einsetzt. Mehr als die anderen.«

Ich schaute ihn ungläubig an, Tom blieb bei seinem Standpunkt.

»Soll ich ihn rausschmeißen? Ich habe gerade erst einen anderen gefeuert. Egon ist eine ehrliche Haut. Aber das Verhalten geht so nicht, das sage ich ihm auch im Perspektivgespräch.«

So ging es immer weiter: Egon entgleiste, ich sprach mit Tom, der mich beschwichtige und versprach, mit Egon über dessen unangemessenes Verhalten zu sprechen – doch nichts änderte sich. Ich fühlte mich wie gelähmt in dieser Situation und mit meinem Schicksal allein gelassen.

Mittlerweile hatte ich, genau wie meine Kollegen, damit begonnen, zum Selbstschutz und um Egons verbalen Attacken zu entkommen, zu lügen. So bekam Egon die Info, dass es zu Lieferschwierigkeiten gekommen sei, weil ein Lieferant Verkaufsunterlagen für Kunden falsch versandt habe und sich diese nun auf dem Weg nach Portugal befänden. Dabei hatte ich den Auftrag schlicht vergessen und befürchtete deshalb, dass Egon wieder wütend werden würde. Yvonne hatte in einer anderen Situation ebenfalls zur Notlüge gegriffen, statt ehrlich mit Egon darüber zu sprechen. Sie setzte sich seufzend, als wir einen Kaffee trinken gingen.

»Wenn wir so weitermachen, können wir nächstes Jahr beim Theater anfangen. Bei der Scheiße, die wir dem Alten vorspielen müssen, nur damit er sich nicht aufregt und uns in Ruhe lässt.«

Ständig hagelte es Vorwürfe und Anschuldigungen. Ich sei seit meinem Australienurlaub zu nichts mehr zu gebrauchen und solle mich endlich zusammenreißen. Egon hatte es erfolgreich geschafft, meinen schönen Urlaub und die damit verbundenen Erinnerungen binnen weniger Tage verpuffen zu lassen und mich völlig zu demontieren.

In Gesprächen mit anderen Mitarbeitern zeigte sich immer wieder, dass ich mit meinen Problemen mit Egon keineswegs alleine dastand. So berichtete mir ein Kollege, dass er regelmäßig heule, wenn er von der Arbeit zu seiner Familie nach Hause komme. Andere sprachen von Schlafproblemen oder aggressivem Verhalten ihren Mitmenschen gegenüber. Ein anderer befürchtete sogar Ohrfeigen von Egon, weil er sich in dessen Augen so stümperhaft bei der Arbeit anstellen würde. Doch was sollten wir tun? Von Tom war keine Hilfe zu erwarten, das war mir mittlerweile klar. Auch die anonymen Befragungen hatten keinerlei Veränderung herbeigeführt. Wieder einmal fühlte ich mich hilflos und ohnmächtig – da half es auch nichts, dass es anderen ebenso erging wie mir.

Ein Bereichsleiter aus den Nachbarteams, den ich ins Vertrauen zog, flüsterte mir zu, er hielte Egon für schizophren und er hätte keinen Führungsstil. Dennoch sollte ich weiter mit Egon das Gespräch suchen.

Ende März 2007 hatte ich wieder so starke Rückenschmerzen wie zu meinen besten Zeiten damals bei der Discontobank. Mein unterer Rücken zog mich schwer wie Blei nach unten. Und das, obwohl ich zwischenzeitlich sowohl zum Senior Projektmanager als auch zum Mitglied des *Circle of Excellence* ernannt worden war. Der Titel Senior Projekt Manager war für mich eine regelrechte Erlösung: Er machte sich bestens in meinem Lebenslauf und stellte einen wichtigen Schritt in meiner beruflichen Entwicklung dar.

Mitte April stellte ich ein Projekt fertig. In mühevoller Kleinarbeit und mit starker Unterstützung unserer EDV hatte ich einen automatisierten Report entwickelt, der eine bessere Messung der Vertriebsabsatzzahlen ermöglichte und einen genauen Überblick über bestehende Marketing- und Vertriebskampagnen erlaubte. Tom und die Geschäftsleitung waren voll des Lobes für mich. Dass Egon mir diesen Erfolg nicht gönnte, ließ er mich vor versammelter Mannschaft beim anschließenden Bereichsleiter-Meeting spüren.

Meine Aufgabe während des Meetings bestand darin, den Teilnehmern den ersten Entwurf einer Kampagne zu erläutern. Ich hatte den Anwesenden Farbausdrucke der Kampagne ausgehändigt, doch ehe ich auch nur einen Ton sagen konnte, riss Egon das Wort an sich.

»Das Bild ist doch total scheiße! Ich meine, holt euch das ab? Wirft euch das vom Stuhl?«

Die anderen waren verwirrt von der harschen Aufforderung nach Feedback. Einer zuckte mit den Schultern.

»Ich finde das Foto gut, es ist Sommer und das zeigt auch das weiße Segelboot.«

Egon schüttelte den Kopf.

»Was ist, wenn der Wind fehlt? Dann bräuchte es einen Motor! Sonst gibt es kein Fortkommen. Lars, da musst du mal ein bisschen mehr Gehirnschmalz einbringen! Das kann doch nicht so schwierig sein! Wie lange willst du denn noch an diesen Bildern herumeiern? Also ich glaube, irgendwie bekommst du das nicht auf die Kette!«

Die Kollegen machten betretene und auch verständnislose Gesichter. Es ging hier um einen ersten Entwurf einer Kampagne, die erst in über drei Monaten starten sollte. Der Ausdruck war lediglich als Arbeitspapier zur ersten Diskussion gedacht.

Aber ich wurde – wieder einmal – offen gedemütigt. Niemand sprang mir bei, ich selbst hatte nicht die Kraft, mich zu wehren. Angespannt polierte ich meine Brille an der Krawatte. Eine perverse Situation, die ich über mich ergehen ließ. Wie erniedrigend. In meinem Kopf drehte sich alles, einen klaren Gedanken konnte ich nicht fassen. Ja, ich war einfach fassungslos. Wieder einmal war es Egon gelungen, mich aus dem Konzept zu bringen. Den Rest des Meetings nahm ich gar nicht mehr wahr, ich wollte bloß so schnell wie möglich nach Hause, weg von hier.

Auch nach diesem Vorfall suchte ich das Gespräch mit Egon. Danach fühlte ich mich noch schlechter, denn seine Aussagen waren unterirdisch und natürlich lag die volle Schuld bei mir. Während des Gesprächs saß er breitbeinig vor mir, und ich schaute auf seine bis auf das Nagelbett abgekauten Fingerkuppen.

»So, da hast du das Feedback. Ihr wollt doch immer alle Feedback haben und Karriere machen. Du kannst das jetzt annehmen oder nicht und dir denken ‚Leck mich am Arsch!‘. Ihr wollt immer alle Feedback haben. Hier hast du es!«

Im Anschluss informierte ich erneut Tom, der nur rauchte und laberte, aber wie immer nichts unternahm. Es wurden wieder und wieder Gespräche geführt, aber nichts änderte sich.

»Egon hat seine Emotionen nicht im Griff. Der meint es wirklich nicht so! Dann sag im nächsten Meeting oder wenn er dich angreift: ‚Egon, reiß dich zusammen! Du magst inhaltlich recht haben, aber bitte nicht in diesem Ton!‘«

Ruhig und sachlich sprach er mit mir, während er seine Kippe am Fensterrahmen ausdrückte und den Filter in eine leere Coladose auf seinem Schreibtisch warf.

»Mach dir nicht zu viele Gedanken, du bist doch nach wie vor einer der Top-Performer!«

Zwischenzeitlich hatte Egon mitbekommen, dass ich eine halbe Stunde bei Tom gesessen hatte. Seitdem war er wie ausgewechselt und sprach plötzlich in ganz normalem Tonfall mit mir. Es konnte aber doch nicht sein, dass ich mich regelmäßig zu Tom ins Büro setzen musste, nur damit ich vor Egon Ruhe hatte.

In der kommenden Zeit erkundigte Tom sich mehrfach bei mir nach meinem Befinden und danach, wie Egon sich verhielt. Da der mir gegenüber seit meinem letzten Gespräch mit Tom freundlich und ausgeglichen war – jedenfalls kam es mir in meiner verschwommenen Wahrnehmung so vor –, hatte ich keine neuerlichen »Ausfallerscheinungen« mehr dokumentiert. Fakt war, dass meine Kollegen und ich immer unsicherer wurden. Bevor wir es wagten, unsere Angelegenheiten mit Egon zu besprechen, gingen wir selbst nichtigste Kleinigkeiten vorab wieder und wieder gemeinsam durch. Die Ressourcenverschwendung und der damit verbundene Schaden für die Bank müssen enorm gewesen sein.

Was mich jedoch wirklich traurig machte, war das veränderte Verhalten meiner Kollegen: Von nervös-introvertiert bis hin zu einer allgemeinen »Leck mich am Arsch«-Einstellung versuchte jeder auf seine Weise, mit dem Problem Egon fertigzuwerden. Wir waren alle völlig verunsichert und kaum mehr in der Lage zu arbeiten. Wir taten alles, um Konflikte mit Egon zu vermeiden, um nur ja nicht mit ihm aneinanderzugeraten. Während wir früher miteinander gescherzt hatten, herrschte nun eine gedrückte Stimmung. Und allenfalls ein schwarzer Humor. Nur einer meiner Kollegen betete mir jeden Tag in der Mittagspause sein Mantra gebetsmühlenartig vor, nachdem ich mich bei ihm ausgeheult hatte. »Lars, dir macht die Arbeit Spaß! Denk immer daran, dir macht die Arbeit Spaß!«

Mitte Juni 2007 hatte ich meinen ersten Termin bei einer Osteopathin in Köln. Eine liebe, empathische Dame, Ina Carst vom Rathenauplatz, kümmerte sich um meinen lädierten Rücken. Ich wusste nicht mehr, wohin mit meinen Schmerzen, klammerte mich inzwischen an jeden Strohhalm.

Immer wieder war ich krankgeschrieben, dieses Mal aufgrund eines eitrigen Kehlkopfs und einer Mandelentzündung, die Richtung Lunge gewandert war. Als ich meiner Hausärztin, Dr. Vollmer, die aktuelle Situation in der Bank schilderte, stiegen mir die Tränen in die Augen. Ich erzählte ihr in groben Zügen, wie es mir in den letzten anderthalb Jahren ergangen war. Als Außenstehende konnte sie die Situation natürlich viel besser beurteilen als ich selbst. Ihr Fazit fiel erschreckend aus.

»Herr Kutnow, Sie sind jetzt Dreiunddreißig. Was denken Sie, wie es Ihnen in zwei bis drei Jahren geht? Typen wie Sie sind die besten Kandidaten für Herzinfarkt und Schlaganfall. Klar sollen Sie Karriere machen und Geld verdienen, was gerade heutzutage immer schwieriger wird. Aber bitte nicht um jeden Preis. Und vor allem nicht dann, wenn sich Ihre Gesundheit rächt!«

Ich war glücklich über die einwöchige Auszeit, sodass ich meine Wunden lecken konnte. Ich fühlte mich wie ein kleines Kind, das Schutz gefunden hatte und nicht mehr angegriffen werden konnte. Richtig wachgerüttelt und zum Handeln bewogen hatte mich meine Hausärztin allerdings nicht. Zwar erleichterte es mich, von ihr das zu hören, was ich tief in mir drin längst geahnt hatte. Aber ihre Worte bewirkten bei mir nichts. Ich war nicht in der Lage, Konsequenzen daraus zu ziehen und zu handeln. Mir fehlte das tiefere Bewusstsein darüber, was die Vorgänge im Büro, der Stress, die Angst und letztlich die Selbstabwertung mit mir angestellt hatten. Auch die langen Gespräche mit Simon beschränkten sich weiterhin auf mein tonbandartiges Wiedergeben von Dialogen und Handlungen. So hätte ich mich niemals aus der Misere befreien können.

Ich zog mich im Laufe der nächsten Zeit immer mehr in meine Traumwelt zurück, die allerdings teilweise auch mir selbst befremdlich war. Auf dem Weg vom Büro zurück nach Hause hörte ich inzwischen laut WDR 4, ein Radiosender, den ich eigentlich nur von meinen Eltern kannte. Lieder, bei denen ich normalerweise den Sendersuchlauf betätigte, schmetterte ich in voller Lautstärke mit. Auf diese Weise verschaffte ich mir Erleichterung von diesem abartigen Job und während ich so sang, liefen mir die Tränen über die Wangen.

An anderen Tagen vergrub ich mich in Bücher. Ich hatte irgendwann damit begonnen, *Harry Potter* zu lesen. Gedanklich übte ich Zaubersprüche, unter anderem, um die vielen Muggel von der A57 wegzuzaubern. Ich inhalierte die Bücher, las alle sieben Bände innerhalb weniger Tage. Ich war so besessen, dass ich teilweise sogar mit der Bahn ins Büro fuhr, nur um mehr Zeit zum Lesen zu haben. Hierzu nahm ich dann nicht den direkten Regionalexpress, sondern die SBahn, die doppelt so lange unterwegs war. Das war doch nicht normal! Meine Rückenschmerzen betäubte ich mit Ibuprofen, eimerweise importiert aus den USA.

Der *Circle of Excellence* entpuppte sich ebenso wie vieles andere als oberflächlicher Witz. Uns Teilnehmern wurde er als elitärer Kreis von Führungskräften und Spezialisten angepriesen, über den man jede Menge Kontakte knüpfen sollte. Inzwischen hatten wir Ende Juli. Und außer einem Abendessen mit dem gesamten Vorstand, einem Footballspiel, dem ich leider aufgrund meiner Krankheit nicht beiwohnen konnte sowie einer Abschlussfahrt nach Florenz, die Anfang November 2007 stattfinden sollte, war bisher nichts geplant. Unter den Kollegen machte sich bereits Hohn bemerkbar und böse Zungen sprachen inzwischen von dem legendären *Zirkus von Erkelenz*. Wer wohl wieder Wortgeber für diese Umschreibung gewesen sein mag?

In einer Hinsicht aber hatte die Bank schnell reagiert: In der Gehaltsabrechnung wurden mir vierhundert Euro geldwerter Vorteil ausgewiesen. Zwar entstand mir kein finanzieller Schaden, aber ich fand es peinlich, dass mir 40,26 Euro für eine Trophäe und 359,74 Euro (!) für das Abendessen in die Gehaltsabrechnung geschrieben wurden.

Inzwischen hatte der Herbst Einzug gehalten, es war Oktober, und die Tage waren kälter und regnerischer geworden. Keine Spur vom goldenen Herbst. Yvonne und ich trafen uns in der Kaffeebude. Yvonne kämpfte mit dem Kaffeeautomaten, der, egal was man drückte, immer die gleiche eklige Brühe in die dunkelbraunen, geriffelten Becher ausspuckte.

»Scheißding, warum nimmt der mein Geld nicht?«

»Lass mich mal!«

Ich trat gegen den Automaten.

»Hör mal gut zu, du blödes Ding! Wenn du nicht augenblicklich das Geld nimmst, packen wir dich und stellen dich in das Büro von Egon!«

Yvonne grinste. Der Automat grummelte, die Tasten schienen vor Schreck heller zu leuchten. Endlich kam Kaffee. Ich nickte zufrieden.

»Siehst du! Man muss nur richtig drohen können.«

»Oweia, wir sind echt ein Fall für die Klapsmühle!«

Dann schaute Yvonne mich ernst an.

»Ich muss dir auch noch was sagen, aber du darfst es keinem verraten.«

Oh nein, was kommt jetzt?

 »Ich bin schwanger.«

»Klasse! Wie cool! Das ist ja Wahnsinn!«

Ich strahlte sie an.

»Mensch, ich freu mich für dich! Wann denn?«

»Ausgerechnet bin ich für März! Ich kann es Egon erst ab der zehnten Woche sagen. Ich denke, ich bin ab Januar weg.«

Oh Scheiße!

Jetzt ging auch noch meine wichtigste Bezugsperson. Drei Kollegen waren bereits weg, sie hatten gekündigt, sich intern versetzen lassen oder waren zurück an der Uni. Ab Januar wäre ich dann mit Egon alleine. Endlich hatte es bei mir geklickert. Ich realisierte: Ich muss hier auch weg!

Zwei Tage später ließ ich beim Fotografen Bewerbungsfotos machen. Die Verkäuferin riet mir dazu, Querformat zu nehmen. Das sei dynamischer.

Es war ein nasskalter Novemberabend, Simon war auf Dienstreise, es regnete wie aus Eimern und die fetten Tropfen klatschten gegen das Fenster. Ich saß am Laptop im Wohnzimmer und sah auf dem Rhein das aufgepeitschte Wasser. Durch den Regen der vergangenen Wochen war der Rhein richtig angeschwollen, eine mystische Atmosphäre, die durch den Wind noch verstärkt wurde. Ich musste endlich handeln, um meine Situation zu verbessern, und das Regenwetter passte genau zu meiner Gefühlslage.

Ich nahm mir einen Saint-Émilion aus dem Weinregal und dazu ein großes Bordeauxglas.

»Plopp!«

Der Korken gab schnell den Flaschenhals frei. Bedächtig goss ich den leckeren Tropfen in das Glas und staunte, wie angenehm der ölige Wein duftete. Mein Highlight des Tages. Ich setzte mich an den Rechner, nahm einen Schluck Wein und begann, im Internet nach Stellen zu recherchieren.

»So, dann wollen wir mal schauen, was das Internetz so zu bieten hat.«

Ich murmelte gerne vor mich hin, war froh, dass ich keine Widerworte erhielt.

Ich landete auf einem Karriereportal, wo ich schnell etliche alte Kollegen und Freunde von der Uni wiederfand. Resigniert schaute ich mir das Spektakel im Netz an und trank einen weiteren Schluck Rotwein. Durch meinen Kopf schossen die Gedanken wie Pfeile. Ich war beeindruckt, welche Titel die Leute inzwischen erlangt und was sie beruflich erreicht hatten. *Ob die alle glücklich sind? Wow, Abteilungsleiter, der war doch immer so eine Schlaftablette. Wie hat der das bloß geschafft? Und hier die Birgit, Bereichsdirektorin, hui, ich fass es nicht, auch ein bemerkenswerter Titel. Wie hat die das denn angestellt? Ach guck an, der Michael, jo, selbstständiger Unternehmer. Geht klar, der war früher schon so ein Angeber. Buchautor! Herr im Himmel, was für ein frustrierendes Showlaufen. Und was die alles für Auszeichnungen haben. Das kann ich auch!*

Ich klickte auf den Button »Auszeichnungen einfügen«, um mir ebenfalls einen Preis zu verleihen. Zunächst zögerte ich kurz, dann tippte ich munter in das neue freie Feld: Golden Eggs 2007.

Zufrieden speicherte ich die Auszeichnung und gratulierte mir.

»Goldene Eier des Jahres, Herr Kutnow, herzlichen Glückwunsch! Darauf müssen wir anstoßen.«

Ich schenkte mir ein weiteres Glas ein, der Wein war aber auch zu lecker. Meine Gesichtszüge entspannten sich merklich. Plötzlich poppte die Stellenanzeige eines renommierten Headhunters auf.

Ich nahm einen weiteren Schluck und begann zu lesen. Die Anzeige klang sehr anspruchsvoll, beim Überfliegen der Aufgaben und der verschachtelten Sätze des Anforderungsprofils schwirrte mir der Kopf. Gesucht wurde die Eier legende Wollmilchsau, aber irgendwie fand ich die Stelle alleine wegen der dreisten Vorgaben schon spannend. Also machte ich mich ans Werk.

Bereits nach einer Stunde hatte ich das Online-Formular mit blumigen und wohlklingenden Wörtern gefüllt, die Maschinerie der Selbstdarstellung lief auf vollen Touren – dem Wein und meinem aufgestauten Frust der vergangenen Monate sei Dank. Als ich den letzten Tropfen ins Glas goss, war meine Zunge gelöst und meine Bewerbung fertig.

»Prösterchen! Wir sind ja nicht im Klösterchen«, murmelte ich zu mir selbst und drückte auf den Sende-Button.

Tag 15

Inzwischen bin ich eine Woche in meiner Ayurvedakur, und ich kann kaum glauben, wie die Zeit rast. Die Anwendungen bekommen mir sehr gut. Die Tage beginnen mit morgendlicher Meditation, nach dem Frühstück konsultiere ich meinen Arzt und anschließend werde ich verwöhnt mit entspannenden Massagen, Gesichtsdampfbädern und ätherischen Ölen. Dazu gibt es regelmäßig Brustwickel. Hierzu wird meine Brust mit einer Kräuterpaste eingeschmiert, die wirklich widerlich riecht. Wahrscheinlich wurden die Kräuter mit Ziegenkötteln vertauscht und alle lachen sich über mich kaputt, während mein Therapeut die wohltuende *Herbal Paste* auf meiner Haut verteilt. Aber es hilft: Mein Rücken und auch meine Brust sind nahezu schmerzfrei, sogar die Schmerzen in meiner linken Wade aufgrund eines alten Bänderrisses sind verschwunden. Ich fühle mich rundum wohl.

Das Essen schmeckt mir hervorragend, ich liebe die frischen Fruchtsäfte und Kräutertees, die mir nach einem kurzen Anruf von den netten jungen Kellnern auf mein Zimmer gebracht werden, und ich genieße die täglichen Mittagsschläfchen. Ich habe ein riesiges Schlafdefizit, spüre aber, dass ich hier, anders als in Köln, endlich wieder Energie tanken kann. Und die brauche ich so sehr. Die heutige ayurvedische Nasenreinigung ist ein ganz besonderes Ritual, wenngleich für Europäer ein etwas unangenehmes Herumgerotze, sofern man das nicht gewohnt ist. Für Egon wäre das bestimmt sehr einfach gewesen.

Zwei Tage, nachdem ich meine Online-Bewerbung verschickt hatte, erhielt ich einen Anruf vom Headhunter. Meine Bewerbung war auf positive Resonanz gestoßen und er lud mich zu einem vertiefenden Gespräch ein. Ich schaute ungläubig auf den Telefonhörer.

Das Treffen fand noch in der gleichen Woche statt. Alex Seipel war sehr sympathisch, eine sportliche, gut aussehende Schwulette. Ich war von seinen gepflegten Händen und Fingernägeln angetan, die so ganz anders aussahen als die des Tyrannen. Das Gespräch mit Herrn Seipel war spannend. Ich erfuhr, dass es sich bei dem neuen Arbeitgeber um die Taikutsu Bank handelte, dem Absatzfinanzierer der Taikutsu Fahrzeuge. Anscheinend lieferte ich die richtigen Antworten, denn irgendwann klappte Herr Seipel seine Kladde zu, um im nächsten Schritt einen Termin mit Vertretern der Taikutsu Bank zu vereinbaren. Der Blick in seine Augen verriet mir, dass er gedanklich völlig woanders war. Wichtig war ihm zu wissen, welches Sternzeichen ich hatte. Nachdem wir uns darüber ausgetauscht hatten, wusste ich also, dass ich während des Gesprächs mit einem Wassermann flirtete.

Im November fand auch endlich meine Incentive Reise vom *Circle of Excellence* statt. Wir verbrachten drei Tage in Florenz und ich genoss die kleine Auszeit vom Büro. Am letzten Abend wurde ein Galadinner ausgerichtet, bei dem sich alle ganz doll lieb hatten und wir Teilnehmer eine gläserne Trophäe als Auszeichnung erhielten. Vielmehr erfreute ich mich aber am Give-away des Hotels: eine schöne Flasche Chianti und ein gutes Olivenöl.

Zurück in Deutschland nahm ich an einem Karriere-Workshop teil. Hier ging es darum, wie man Folien bestmöglich präsentiert sowie um das Thema Konfliktgespräche.

Der Workshop bewegte mich sehr, ich hatte ständig einen dicken Kloß im Hals und musste mich sehr zusammenreißen, um nicht vor versammelter Mannschaft loszuheulen. Es gab also doch noch vernünftige Menschen und vor allem vertrauenswürdige Personaler. Ich war von den Trainerinnen sehr beeindruckt, die mit uns auch schwierige Themen angingen, wie zum Beispiel die Kündigung von Mitarbeitern. Sie erklärten uns, wie man in einer solchen Situation sachlich blieb, wie man auch bei Konflikten die Ruhe bewahrte und wie wichtig es war, sein Gegenüber stets ausreden zu lassen.

Gegen Ende des Seminars nahm ich meinen Mut zusammen und vertraute mich einer der Trainerinnen an. Ich erzählte ihr bei diversen Zigaretten, wie ich von meinem Chef schikaniert wurde. Sie hörte fassungslos zu und wusste spontan keinen Rat für mich. Sie bestärkte mich aber darin, mit der Personalabteilung zu sprechen und die Probleme anzugehen.

»So ein Typ gehört entsorgt«, waren ihre Worte.

Eine Woche später hatte ich mein Vorstellungsgespräch bei der Taikutsu Bank. Ich wurde in einen Glaskasten geführt in der ersten Etage. Am Gespräch nahmen die Personalleiterin sowie mein zukünftiger Chef aus dem Marketing teil, ein Herr mit freundlichen Augen und etwas ausgebeultem Anzug. Er wirkte gar nicht marketingtypisch, was ihn in meinen Augen sehr sympathisch machte.

Das Vorstellungsgespräch konnte ich überhaupt nicht einordnen. Die Fragen waren teils vage, teils absehbar und wurden mal auf Englisch, mal auf Deutsch gestellt. Ich hatte immer eine Antwort parat und kam mir ein bisschen vor wie eine amerikanische Comedian, die innerhalb weniger Sekunden von deutsch auf englisch switcht und ein quirliges Denglisch spricht. So oder so war ich ohne große Erwartungen hierher gekommen und hatte den Job eigentlich schon beim Betreten des Gebäudes abgehakt. Dennoch fand ich es irgendwie nett, mit den beiden zu plaudern und mich zu amüsieren. Und ich spürte, dass dieses Gefühl auf Gegenseitigkeit beruhte. Nähere Informationen zur Stelle selbst erhielt ich aber nicht, der Marketingmann hielt sich hierzu sehr bedeckt. Für mich war das ein Zeichen, dass es zu keiner Zusammenarbeit kommen würde. Als wir uns zum Abschied freundlich die Hände schüttelten, ging ich davon aus, nichts mehr von ihnen zu hören.

Wenige Tage nach dem Gespräch meldete sich der Headhunter und teilte mir zu meiner großen Verblüffung mit, dass die Leute von Taikutsu ganz angetan waren von mir und sie mich gern zu einem zweiten Gespräch im größeren Kreis einladen würden. Was ich während des Termins für Desinteresse gehalten hatte, war wohl nur höfliche Zurückhaltung gewesen, vielleicht war das in japanischen Unternehmen so üblich.

Kurz vor Weihnachten fand das Gespräch bei der Taikutsu Bank mit gesamtem Gefolge statt. Ich schüttelte unzählige Hände, viel besprochen wurde nicht, denn letztlich waren sich alle handelseinig, und ich wurde intern schon als der Richtige verkauft. Ich bekam den Job und hielt zwei Tage später meinen Arbeitsvertrag in den Händen.

Am 30. Dezember, dem letzten Arbeitstag im Jahr 2007, fuhr ich beschwingt ins Büro. Ich kündigte mein bisheriges Arbeitsverhältnis. Egon war im Weihnachtsurlaub, worüber ich sehr froh war, denn ich wollte ihm am liebsten nie mehr begegnen. Dazu fehlte mir die Kraft, das hätte mich nur unnötig belastet. Leider war auch der Vorstand der Personalabteilung nicht im Haus. Jetzt, wo ich nichts mehr zu befürchten hatte, hätte ich ihm zu gern einen Besuch in seinem Büro abgestattet.

So überreichte ich meine Kündigung dem Personalbetreuer, dem ich auf dem Gang begegnete. Er war der gleiche, der mich vor Jahren eingestellt hatte.

»Ich habe eigentlich überhaupt keine Zeit. Können wir das nicht später machen?«

Und als er mir mein Kündigungsschreiben quittierte, murmelte er nur.

»Schade, Herr Kutnow, wirklich schade.« Mir war sein »schade« egal, ich war total erleichtert, dass meine Zeit in diesem Laden bald beendet sein würde.

Die Schreiberei macht hungrig. Ich gehe hoch auf die große Hotelterrasse zum Mittagessen. Das ist wie immer köstlich, ich esse natürlich wieder mehr als vom Ayurvedadoktor erlaubt, bevor ich in einen anderthalbstündigen Mittagsschlaf falle. Als ich erwache, bin ich ganz benommen und bestelle einen großen Pott Himalaya-Kaffee mit heißer Milch, der schmeckt köstlich. Ich genieße von meinem Balkon aus die Landschaft wie eine Inszenierung, als säße ich hier in meiner Loge und würde auf eine Bühne blicken. Die Bühne der heilen und ruhigen Welt. Hier ist nichts, was das Auge stört, nur schöne gelbe Reisterrassen, ein paar gelbe Boote auf dem See und ein kleines Nachbardorf von vier Hütten gegenüber. Unter mir sind die Häuschen des Ayurvedaspas.

Statt zum Yoga gehe ich heute schwimmen, das Wasser ist wieder herrlich warm. Lange sitze ich anschließend noch auf der Bank und lese in einem Buch über Qigong.

Meine heutigen Erkenntnisse
Die erste Erkenntnis ist eigentlich so simpel, dass es schon fast peinlich ist, dass sie mir erst jetzt, nach 42 Jahren, bewusst wird: Ich bin, wie ich bin und was ich bin! *I am what I am*! Ich bin ein liebenswerter Mensch, habe beste berufliche Qualifikationen und muss mich nicht nach den anderen richten. Und wenn ich mich mit irgendetwas nicht wohl fühle und erkranke, dann hat das einen triftigen Grund. Dann

hilft es weder abzuwarten, noch die Faust in der Tasche zu machen, sondern dann heißt es handeln – und die Misere zu beenden. Ich bin total entzückt und verblüfft über diese ebenso banale wie befriedigende Erkenntnis. Sie tut meinem Selbstbewusstsein enorm gut. So langsam scheint die Reise ihren Zweck zu erfüllen. Sie erweitert mein (Selbst-) Bewusstsein, nämlich, dass ich so sein kann, wie ich bin. Klasse, ich staune selbst über meine neue – wenn auch einfache – Feststellung!

Erkenntnis Nummer zwei: Ich bin ein Genussreisender, und ich liebe es zu essen und zu trinken. Darauf will ich niemals verzichten und ich möchte deswegen auch nicht mehr als Reisediva bezeichnet werden. Mit diesen Einsichten werde ich nun den Rest der Reise fortsetzen, ohne mich jeden Tag mit meinen Selbstreflexionen zu beschäftigen.

Zurück auf dem Zimmer fahre ich nochmal mein Laptop hoch. Ich will die KonsumBank-Phase zu Ende bringen. Es hat mich viel Kraft gekostet, mich den Erinnerungen dieser Zeit zu stellen und mir schmerzen mein Kopf und meine Seele.

Am 2. Januar 2008 suchte ich meine Hausärztin auf. Ich schilderte ihr, dass ich gekündigt hatte, im Frühjahr meinen neuen Job anfangen würde und nicht mehr zur Konsum-Bank zurück wolle. Sie kannte ja die Hintergründe, sodass ich ganz offen mit ihr sprechen konnte. Sie verstand sehr gut, dass ich die nächsten Monate für mich brauchte, um wieder zu mir zu finden und das Erlebte zu verarbeiten. Sie schrieb mich deshalb bis Mitte Januar krank.

Für viele gibt es nur schwarz oder weiß: entweder arbeiten bis zum letzten Tag und das Unternehmen stolz mit hoch erhobenem Haupt verlassen – oder den Hinterausgang wählen. Aber nach der quälenden Zeit der Schikane wollte ich einfach nur weg von dieser Firma und entschied mich für den sofortigen Ausstieg. Sollten die anderen denken, was sie wollten. Ich hatte lange genug gemacht, was von mir erwartet wurde, damit war jetzt endgültig Schluss.

Meine Hausärztin überwies mich an einen Facharzt für Psychiatrie, der auch gleich die Behandlung übernahm. Wir trafen uns alle vier Wochen, dann erhielt ich eine neue Krankmeldung, die ich bei meinem alten Arbeitgeber einreichte.

Wir unterhielten uns jedes Mal über die politische Lage, er äußerte seine Bedenken über die europäische Osterweiterung der EU und mutmaßte, dass wir bald den Gürtel würden enger schnallen müssen. Ich lächelte nur freundlich und nahm den gelben Zettel dankbar entgegen.

Meinen Chef Egon habe ich nie mehr gesprochen und auch nicht mehr wiedergesehen. Auch von meinen Kollegen habe ich mich nicht verabschiedet. Ich nutzte die freie Zeit, um regelmäßig meine schwangere Kollegin Yvonne zu besuchen. Nur langsam fand ich wieder zu mir, zu tief saß der Stachel der jahrelangen Schikanen und Demütigungen. Seitdem ich gekündigt und die Bank verlassen hatte, hatte sich bei mir ein Schalter umgelegt. Nur noch selten dachte ich an meinen Chef. Gesundheitlich ging es mir von Tag zu Tag besser, ich verbrachte die freie Zeit mit schönen Dingen, die mir und meiner Seele guttaten.

Ich bereitete mich auf meinen neuen Job vor und erfuhr, wie viel Wert man in japanischen Unternehmen auf das Wohlergehen von Mitarbeitern legt. Viele hatten den Ehrenkodex *Respect for People*, und ich freute mich sehr auf meine neue Herausforderung. Hoffentlich schaffte ich das alles. Ich war voller Tatendrang. Im Februar machte ich eine zweiwöchige Ayurvedakur in Sri Lanka, die mir Kraft für die neue Aufgabe geben und meine psychische Festplatte rebooten sollte. Dies erhoffte ich mir auch für mein zerstörtes Selbstbewusstsein, denn zuletzt hatte ich mir bei der KonsumBank gar nichts mehr zugetraut.

Mir war die Kur in Sri Lanka sehr wichtig, denn der Wechsel zum neuen Arbeitgeber war ein für mich ganz essenzieller Schritt. Ich bin kein Mensch, der damit zufrieden ist, im Büro seine Zeit abzusitzen. Ich möchte etwas leisten und dadurch meine Befriedigung erlangen. Aus diesem Grund war es mir ein großes Anliegen, gestärkt in den neuen Job zu gehen, um dort mein Bestes geben zu können. Meine bisherigen Arbeitsstellen hatten mich den Glauben daran verlieren lassen, jemals eine sinnvolle, mich ausfüllende Arbeit zu finden. Ich war so vielen Dummschwätzern begegnet, die in ihren Elfenbeintürmchen saßen und den Fischchen beim Pinkeln zusahen oder die auf ihre eigene Karriere bedacht waren, ohne ihre eigentliche Führungsaufgabe richtig wahrzunehmen. Jetzt wollte ich endlich neu durchstarten. Ein neues Jahr lag vor mir und ein neuer Job, wo ich endlich ernst genommen werden und mich einbringen wollte.

Nach meiner Rückkehr aus Sri Lanka wurde ich von meinem neuen Arbeitgeber zu einem weiteren Treffen eingeladen. Bei dieser Gelegenheit erfuhr ich, dass man mir einen Kompagnon zu Seite stellen würde, der mir auch gleich vorgestellt wurde. Zufälligerweise waren wir uns schon begegnet, es war Eric Fink, ein früherer Kollege von der KonsumBank, den ich bisher nur flüchtig kannte, aber in positiver Erinnerung hatte. Unser neuer Chef überreichte uns eine strategische Präsentation – und ich verstand kein einziges Wort. Was wollten die von mir? Die Folien waren nichtssagend und total abstrakt highlevel aus der Vogelperspektive beschrieben. Der Inhalt war lückenhaft und sehr unübersichtlich dargestellt. Ich lächelte freundlich und setzte mein Pokergesicht auf. Angst machte sich in mir breit. Jetzt bloß nicht ablosen, dachte ich mir. Auf der Fahrt nach Hause war mir ganz bange. Hatte ich zu hoch gepokert? Hoffentlich konnte ich die Erwartungen, die in mich gesetzt wurden, auch tatsächlich erfüllen.

Gemeinsam mit Simon machte ich im März und als krönenden Abschluss noch einen traumhaften Urlaub in den USA. Wir starteten in Memphis auf den Spuren von Elvis und erkundeten anschließend die Südstaaten. Die letzten Tage verbrachten wir auf Key West. Ich war sehr glücklich, verliebt und freute mich auf die neue, ernsthafte Aufgabe bei einem richtigen Arbeitgeber.

Erleichtert blicke ich auf meine Zeilen. Die Ära KonsumBank ist tatsächlich und schwarz auf weiß abgeschlossen. Komischerweise kann ich in dieser Nacht dennoch nicht wirklich gut schlafen.

Tag 16

Schon früh habe ich heute meine Anwendungen, weil ich anschließend zusammen mit Karen eine Wanderung zum Friedensstupa machen möchte. Doch vorher erhalte ich einen Stirnhöhlenguss, den sogenannten *Shirodhara*. Das angenehm warme Öl auf der Stirn tut mir unheimlich gut. Mir sausen Millionen Gedanken durch den Kopf, die ich unbeeindruckt vorbeiziehen lasse. Danach wird mir ein Kopftuch angelegt, das ich den ganzen Tag tragen muss.

Nachdem uns ein Fahrer zu unserem Ausgangspunkt in Pokhara gebracht hat, spazieren wir einen Pfad durch den Dschungel hinauf zum Stupa. Hin und wieder sind alte, zugewucherte Stufen zu sehen, die an die Tempelwege der

Mayas erinnern. Ich komme mir vor wie Indiana Jones. In Gedanken versunken trete ich beinahe auf eine Schlange, die sich in der Sonne aalt. Ich kann nicht sagen, wer von uns Dreien sich mehr erschrocken hat, jedenfalls sucht das Tier schnell das Weite. Es war gruselig anzusehen, wie dieser riesige Körper sich blitzschnell weiterschlängelt und im Gebüsch verschwindet. Nach eineinhalb Stunden erreichen wir den Stupa. Uns erwartet ein wahrer Ort der Besinnung und des Friedens mit einem traumhaften Blick über den Lake und Pokhara, die zweitgrößte Stadt Nepals.

Zurück nehmen wir einen steilen, aber deutlich kürzeren Weg hinunter zum Seeufer, von wo aus wir uns in den Ort auf der gegenüberliegenden Seite rudern lassen. Hier geht es sehr gemütlich zu, die Touristen kaufen Souvenirs oder geben sich dem Müßiggang hin. Die Szenerie erinnert mich ans Valle Gran Rey auf den Kanaren, denn auch hier im Happy Valley von Pokhara sieht man etliche Aussteiger und Hippies.

Auf halbem Weg zum Hotel ist bereits tiefschwarze Nacht und der Mond ist aufgegangen. Ein Blick auf die Uhr verrät mir, dass es gerade mal fünf vor sechs ist. Wahnsinn. Nach dem Abendessen geht es dann auch schnell ins Bett – und ich schlafe wie ein Murmeltier.

Tag 17

Nach dem Frühstück bekomme ich einen interessanten Kopfwickel. Der Doktor und mein Therapeut schmieren mir eine braune Pampe auf den Kopf, während ein zweiter Therapeut ein Bananenblatt in Geschirrtuchgröße über einem Kohleöfchen erwärmt. Ich sehe zum Piepen aus. Mein Therapeut Sandros läuft extra in mein Zimmer, um die Kamera zu holen und Erinnerungsfotos für mich zu machen. Nach der üblichen Ganzkörpermassage fühle ich mich wunderbar befreit. Was auch immer das für ein Wickel war, mein Kopf fühlt sich ganz leicht und leer an.

Aus Deutschland erhalte ich eine ganz süße EMail von meiner Achtsamkeitslehrerin Olivia. Sie grüßt mich herzlich und sendet mir Kraft und Liebe. Das berührt mich sehr.

Bis zum Mittagessen vergrabe ich mich in meine Gedanken an die erste Zeit bei der Taikutsu Bank.

Kapitel 4:
Ab ins Bore-out

Endlich war mein erster Arbeitstag bei der Taikutsu Bank. Ich trug meinen neuen, dunkelblauen Anzug mit hellblauem Hemd, dazu passend eine dunkle Krawatte und braune Schuhe. Ich war ganz glücklich über meinen modernen Businesslook und erfreute mich wieder an schöner Kleidung. Aber ich hatte ja auch endlich einen ernst zu nehmenden Job und war sehr erleichtert darüber, dass ich der Arbeitswelt wieder aufrecht zur Verfügung stand. Mein Kollege Erik und ich wurden freundlich von der Geschäftsleitung und vom Marketingdirektor begrüßt, danach folgte eine Vorstellungsrunde vor dem gesamten Marketingteam. Die Kollegen beäugten uns etwas argwöhnisch. Doch war das vielleicht nicht weiter verwunderlich: Plötzlich schlugen zwei Neue im Team auf, die vom Chef so eingeführt wurden, als könnten sie das Rad neu erfinden. Wir bekamen eine kleine Arbeitsinsel seitlich der Marketingkollegen zugewiesen, auf der wir saßen wie auf dem Präsentierteller, jeder musste an uns vorbei. Schnell taufte ich unseren Arbeitsbereich *Happy Island*, was ich allen direkt kundtat.

Erik begann direkt damit, eifrig Notizen in seinem schlauen Buch zu machen, während ich mich noch mit den Gegebenheiten im Haus vertraut machte und mich langsam in alle Etagen vortastete. So war ich glücklich zu wissen, wo die Kaffeemaschine stand, und wie meine Kollegen mit Namen hießen. Derweil steppte mein Kollege schon voll los, und das bisschen, was wir zu tun hatten, riss er an sich. Mir machte das Angst, weil ich befürchtete, erneut zu versagen. Vom ersten Tag an im Büro fühlte ich mich beklemmt: Mir war nicht an einem Wettkampf gelegen und ich zweifelte daran, hier lange mithalten zu können. Sobald unser Chef einen Laut von sich gab, fing Erik direkt an, irgendwelche Protokolle zu schreiben und sonstige Dokumente anzulegen, *Thinktanks*, wie er sie so schön nannte.

Einmal pro Woche hatten wir ein Jour fixe mit unserem Chef, und bei dieser Gelegenheit lernten wir auch unseren Vorgänger kennen. Ein netter, versierter Herr Ende Vierzig, der die Segel gestrichen hatte und resigniert zu einer anderen Firma wechseln würde. Er hatte es satt, sagte er, dass die Bank keine Entscheidungen fällte und jedes strategische Projekt gegen die Wand fuhr. Oder aber man startete es gar nicht erst, sondern saß das Problem vielmehr aus.

»Sehen Sie sich ruhig die Unterlagen der Unternehmensberatung an. Und werfen Sie einen Blick auf den Business Case, den die Typen aus London erstellt haben. Die saßen hier mit acht Mann und haben bis in die Nacht hinein in die Tasten gehauen. Am Ende wollte man den ganzen Laden umstrukturieren für mehrere Millionen Euro. Da haben alle Beteiligten kalte Füße bekommen. Und ich war auch am Ende und habe resigniert. Ich habe denen nur gesagt, dass sie sich einfrieren lassen müssen, wenn sie das aussitzen wollen.«

Ich beobachtete ihn bei seinen Schilderungen, er zitterte vor Empörung und schien sehr erleichtert darüber, gehen zu können. Ich versuchte, positiv zu denken. Zu diesem Zeitpunkt hatte ich noch keine böse Vorahnung oder Angst, dass sich das gleiche Spiel wie bei der KonsumBank wiederholen könnte. Vermutlich würde für Erik und mich alles gut werden, denn wie heißt es so schön: Neue Besen kehren gut.

Erik und ich lernten nach und nach die Geschäftsleitung und sämtliche Direktoren kennen. Die meisten machten einen eher reservierten Eindruck und hatten kein großes Interesse an dem strategischen Vorstoß und den Vorschlägen seitens der Marketingabteilung. Viele lehnten sich entspannt zurück und grinsten nur, wenn wir sie baten, uns die strategische Marschrichtung des Unternehmens und die damals beschlossenen Umstrukturierungsmaßnahmen, von denen uns unser Vorgänger berichtet hatte, zu beschreiben.

Wir als Projektteam erhielten Zugriff auf ein vertrauliches Laufwerk, das für sonst niemanden zugänglich war. Hier fanden wir Hunderte von Dateien, Präsentationen, Protokolle und Entscheidungspapiere. Sämtliche Präsentationen waren auf Englisch geschrieben, sehr abstrakt und ständig wiederholten sich die Inhalte. Der Umfang war gewaltig, die Inhalte verworren. Mehrere Tausend Seiten waren zu sichten, zudem gab es im Keller fünfzehn Ordner in physischer Form. Wir waren tagelang damit beschäftigt, die Unterlagen zu sichten. Ich erinnere mich noch gut an einen Dialog mit Erik.

»Oweia!«
 »Hm?!«
 Erik saß mir gegenüber und schaute konzentriert auf seinen PC.
 »Sag mal, Erik?«
 »Hm?«
 »Verstehst du, was in den Unterlagen steht?«
 »Was meinst du?«
 »Naja, das sind Tonnen von Papier. Aber da steht doch nichts wirklich Sinnhaftes drin. Ich bin jetzt die ersten Monate durchgegangen. Aber außer diverser Protokolle zur strategischen Einschätzung durch die einzelnen Geschäftsleitungsmitglieder habe ich nichts Geistreiches gefunden. Nur Geschwafel um nix.«
 »Hm.«
 Er guckte mich mit neutralem Blick an.

»Ja, sag doch mal was. Das kann doch nicht nur mein Eindruck sein, oder?«

»Nö.«

Erik war total einsilbig und machte sich Notizen in seinem Buch.

»Sag mal, hast du den viel gepriesenen Business Case eigentlich in den Tausenden von Dateien gefunden? Ich sehe hier nur englisches Gesülze.«

»Hm.«

Ach, klasse, dachte ich mir, wunderbar. Danke, Erik!

Wir hatten ein Strategiegespräch mit einem der Geschäftsführer. Ein älterer Mann mit kleiner Brille und ordentlichem Bierbauch, der Ruhe und Seniorität ausstrahlte. Seine drei Assistentinnen huschten wichtig mit Headset durch den Flur, während er uns in sein Büro begleitete. Wir nahmen in gemütlichen Sesseln Platz.

»Es ist wohltuend, dass Sie beide endlich an Bord sind. Das geplante Projekt, für das Sie rekrutiert wurden, schlummert schon lange in den Schubladen.«

Ich wollte Details zu den vorherigen Projektleitern wissen und sprach ihn auf die Unternehmensberater an, die vor uns mit dem Thema betraut waren. Während er erzählte, hob er empört die Arme und drückte sich in den Sessel. Dutzende von Beratern hatte die Bank in der Vergangenheit verschlissen. Oft wurden diese Mandate als strategische Vorgabe der Muttergesellschaft von Brüssel aus erteilt.

»Nun, Herr Kutnow, man nennt das auch Seilschaften. Und bei einem abendlichen Dinner in einem schicken Restaurant wurde dann diese Herangehensweise besprochen.«

Wir erfuhren, dass der Chef der Unternehmensberatung ein sehr guter Freund des damaligen Europachefs war.

»In Köln nennt man das Klüngel.«

Wir lachten. Ich bohrte vorsichtig weiter, denn ich hoffte auf einen Business Case der Berater, also eine Empfehlung hinsichtlich der Neuausrichtung des Unternehmens. Der Geschäftsführer hüstelte.

»Nun, wissen Sie, die strategischen Empfehlungen und Berechnungen waren so abgehoben, die hätten wir hier nie und nimmer stemmen können.«

Er schilderte uns, dass die Geschäftsleitung sich die Folien in stundenlangen Meetings geduldig über Monate hinweg angehört hatte, ohne dass es je zu einer finalen Entscheidung gekommen ist. Letztlich fehlte der Mut zur Umsetzung, und die Tausenden von Folien wanderten ins Archiv. Der Geschäftsführer erteilte uns einen Auftrag.

»Nehmen Sie beide sich die Zeit und sichten Sie die Unterlagen. Wir brauchen eine Empfehlung in kleinen Schritten. Wir können uns nur langsam entwickeln und nicht mit einem Big Bang.«

Auf dem Weg zurück in unsere Abteilung traute ich meinen Ohren nicht, denn Erik begann tatsächlich zu sprechen.

»Da lassen die sich von den Beratern für Millionen von Euro monatelang berieseln und Mondscheinpläne erstellen. Und dann denken sie, hier kommen zwei Cowboys von der KonsumBank und bringen alles auf die Straße.«

Ich grinste ihn an, denn anscheinend war das Eis gebrochen, und wir konnten endlich miteinander kommunizieren.

Ich schlug vor, bei der nächsten Gelegenheit mit unserem Chef Costa zu sprechen. Uns war bislang weder der Business Case bekannt, noch der Plan, wie dessen Umsetzung erfolgen sollte.

Das Gespräch mit Costa fand schon kurze Zeit später statt. Wir saßen in seinem Aquarium und lauschten seinen Schilderungen. Wie wir erfuhren, sollte es gar keinen Rollout, also keine Markteinführung geben. Costa erklärte uns, woran unser Vorgänger gescheitert war. Er war schlicht und einfach zu forsch unterwegs gewesen und hatte es nicht geschafft, die einzelnen Mitglieder der Geschäftsleitung inhaltlich abzuholen und für einen Richtungswechsel zu begeistern. Die Präsentationen der Unternehmensberater waren so hochtrabend, dass es niemandem gelungen war, sich in die Materie hineinzudenken. Kurz gesagt: Das Unternehmen schien gar nicht daran interessiert zu sein, sich zu verändern.

Costa schaute Erik und mich lange an und sagte nach einer Weile leise und eindringlich:

»Ihr wurdet eingestellt, um die Mutterzentrale in Japan zu besänftigen. Wir halten hier seit Jahren nur ein paar strategische Folien hoch. Mehr ist bisher nicht erfolgt. Euer Auftrag besteht darin, euch hier in kleinen Schritten wie eine Amöbe durch das Unternehmen zu bewegen. Ich mache das seit nunmehr fast dreißig Jahren in den verschiedensten Bereichen weltweit. Ihr dürft nicht die Erwartungshaltung haben, dass ihr hier etwas bewegen könnt. Wichtig ist es, im Mainstream mitzuschwimmen getreu dem Motto: Wasch mich, aber mach mich nicht nass. Euer Job ist es, die Unterlagen durchzuschauen, und danach erstellen wir gemeinsam ein Entscheidungspapier über die weitere Vorgehensweise und alle folgenden Schritte.«

Costa erzählte uns das alles in einem nuschelnden englisch mit griechischem Akzent. Er hörte sich an wie das Orakel von Delphi. Ich verstand inhaltlich nicht viel, lächelte aber die ganze Zeit über wissend. Was sollte ich tun? Ernüchtert verließ ich das Büro. Die Angst kroch in mir hoch. Ich war tatsächlich nur eingestellt worden, um die Japaner zu besänftigen? Das konnte doch nicht deren Ernst sein. Ich hatte die große Befürchtung, das von mir Geforderte nicht erfüllen zu können. Bestimmt würde man mich noch während der Probezeit im hohen Bogen hinauswerfen. Ich warf einen Blick zu meinem Gegenüber, das emsig in die Tasten haute.

»Sag mal, Erik?«

»Hm.«

»Hast du irgendeine Ahnung, was genau die von uns wollen?«

»Nö. Du?«

»Nö.«

»Gut, dann sind wir ja schon mal zwei.«

Nach diesem Gespräch war ich sehr verunsichert. Ich verstand überhaupt nichts. Was war die Intention meines Chefs? Wo wollte das Unternehmen hin? Worin konkret bestand die Aufgabe von Erik und mir? Das Ganze schien eine einzige Farce zu sein. Wurden wir hier getestet? Am Nachmittag hatten wir einen Schnuppertermin bei einer Kollegin aus dem Projektmanagement. Sie zeigte uns stolz das neue Online-Kundenportal und erklärte uns langatmig das LogIn-Prozedere.

»… und dann bekommt der Kunde einen siebenstelligen Code per Post zugesandt. Mit diesem muss er sich erstmalig auf unserer Internetseite einloggen. Dazu benötigt er seine Vertragsnummer und muss die letzten vier Stellen seines hinterlegten Verrechnungskontos eingeben. Danach kann der Kunde über ein Auswahlmenü folgende Funktionen wählen.«

Ich gähnte verstohlen. Ich konnte mich kaum halten vor Spannung. Und zusätzlich lag mir das Schnitzel schwer im Magen, genau wie die fetten Fritten mit dicker Majo, die es mittags in der Kantine gegeben hatte. Morgen würde ich mal wieder einen Salat essen.

Die Kollegin erklärte mir die erste Seite und wo der Kunde einen Aktivierungscode eingeben musste, um sein Passwort entsprechend ändern zu können. Die Kundenseite selbst war jedoch nicht besonders ansprechend und eher nüchtern gehalten.

Ich lächelte anerkennend und die Kollegin erläuterte mir, dass der Kunde nun die Möglichkeit hatte, seinen Tilgungsplan anzuschauen und seine Adresse zu ändern. Mehr gab das Tool nicht her, weder das Hinterlegen einer EMail-Adresse oder Telefonnummer noch anderweitige Interaktion mit der Bank. Die aktuelle Portalnutzung lag bei unter einem halben Prozent.

Ich fühlte mich total verarscht, ließ mir jedoch nichts anmerken. Ich vermutete irgendwo die versteckte Kamera. Vielleicht befand ich mich ja in einer Art Assessment-Center. Das hier war jedenfalls nicht real, oder? Die Kollegin war bestimmt von der Personalabteilung und gleich würde jemand an den Tisch kommen und sagen: »Herr Kutnow. Das war großartig. Sie sind ein so einfühlsamer und ruhiger, diplomatischer Mensch. Genau so müssen Sie in unserem Hause ans Werk gehen.«

Ich hatte echt Angst. Große Angst, dass man mich noch während der Probezeit feuern würde. Ich fühlte mich total unwohl. Schon nach den ersten drei Wochen hätte ich am liebsten meine dunkelblaue Krawatte an den Nagel gehängt. Was war das hier? Die würden sehr schnell feststellen, dass ich für den Job ungeeignet bin. Wie sollte ich denn hier etwas bewegen, und vor allem wohin?

Abends telefonierte ich mit meiner Schwester. Sie versuchte mich zu trösten.

»Ach, Schatzi. Denk an die Kohle, die du da abräumst und mach die Faust in der Tasche. Das wird schon.«

Ich traf meine alte Freundin Isabelle und schilderte ihr bei einer wunderbar duftenden asiatischen Nudelsuppe meine frustrierenden ersten Jobeindrücke und meine Angst, die Probezeit nicht zu überstehen. Und dass mein Kollege Erik alle Aufgaben an sich riss und erledigte, bevor ich mich einmal um meine eigene Achse gedreht hatte. Ich war total durcheinander und diese Verunsicherung nagte wieder an meinem mühsam aufgebauten Selbstbewusstsein.

»Ich habe einfach Angst, dass ich rausgeschmissen werde. Ich verstehe nicht, warum die mich eingestellt haben. Ich weiß überhaupt nicht, was ich dort machen soll.«

Sie schlürfte genüsslich ihre Suppe.

»Das ist echt bitter, dass der Typ so eine Heißdüse ist, aber irgendwie werdet ihr schon klarkommen. Warte mal ab.«

Seit diesem Abend hatte Erik einen neuen Namen: Ab sofort nannte ich ihn nur noch Heißdüse.

Eine Woche später traf ich Isabelle erneut. Sie machte gerade eine Ausbildung zum Coach und fand in mir einen dankbaren Testklienten. Sie wollte mir helfen, meine Existenzangst zu überwinden und mein Selbstbewusstsein zu stärken. Bei meinen Schilderungen musste sie oft herzhaft lachen.

»Ach, du bist echt so geil. Während die Heißdüse den Garten beackert und das erste Hochhaus hochzieht, sitzt du da und pflückst Gänseblümchen.«

»Ja, genau so ist es.«

»Du darfst nicht nur Meilen für deine Flüge sammeln und deine Urlaube planen. Du musst die Dinge angehen.«

»Ja, wenn ich nur wüsste, wie ich das machen soll.«

Nach sechs Wochen in der Firma, als die Heißdüse gerade nicht im Büro war, suchte ich proaktiv das Gespräch mit meinem Chef Costa. Mit einigen Folien in der Hand als Vorwand betrat ich sein Büro. Ich sprach mit ihm auf Englisch und suchte nach den passenden Worten. Ich wollte ihm begreiflich machen, dass Erik immer schon drei Schritte weiter war, bevor ich die Gelegenheit dazu hatte, etwas zu unternehmen. Und das belastete mich.

Seine Augen blickten müde, aber freundlich wohlwollend. Zu Beginn unseres Gesprächs erzählte ich ihm, wie viel Spaß mir die Arbeit machte. Klar, das war total gelogen, aber was sollte ich tun? Ich wollte doch nicht schon in der Probezeit rausfliegen.

»Das freut mich zu hören. Das Feedback über euch im Haus ist ebenfalls gut. Mach weiter so.«

»Danke. Ich bin auch sehr happy über die Zusammenarbeit mit Erik.«

Er nickte.

»Ja, er ist ein guter Kerl.«

Ich hatte letztendlich nicht den Mut, mich über Erik zu beschweren und wählte einen anderen Weg, um Costa meine Botschaft zu übermitteln.

»Ja, Erik ist der Macher. Er ist für den fachlichen Durchblick.«

»Beschreib euch doch mal.«

»Ich sehe uns beide wie Rugbyspieler. Während er in den Gesprächen der Front Runner ist, bin ich eher für den zwischenmenschlichen Aspekt bei den beteiligten Fachbereichen zuständig. Ich sehe mich hier stärker in der Rolle des Quarterbacks, der das hintere Feld sauber hält.«

Costa nickte anerkennend.

»Weiter so.«

»Das hast du ihm nicht wirklich erzählt?«

Simon verschluckte sich fast an seinen Tagliatelle.

»Doch, klar! Und das ist doch eine super Metapher.«

»Ja, Schatz, total super.«

Simon fiel fast vom Barhocker vor Lachen.

»Was ist denn daran so lustig?«

»Weil die ganze Beschreibung totaler Schwachsinn ist. Zum einen hast du Rugby mit American Football verwechselt.«

»Naja, geschenkt. Als wenn der sich auskennt.«

Entschuldigend zuckte ich mit der Schulter und nahm mir eine weitere Gabel Nudeln mit Käsesoße.

»Zum anderen ist der Quarterback Kopf des Angriffs und immer auf den nächsten Zug aus. Also nichts mit im Hintergrund stehen und das Feld sauber halten.«

»Oh.«

»Naja, aber anscheinend hat deine Beschreibung ihm trotzdem gefallen. Warte mal ab. In dem Laden kommst du noch ganz groß raus! Auf das leckere Essen!«

»Auf uns!«

Wir lachten beide und stießen an.

Wir schrieben den 30. September 2008. Die Probezeit war geschafft. Gott sei Dank! Ich hatte tatsächlich sechs Monate in der Bank hinter mich gebracht und war relativ erleichtert und erlöst. Aber wohl fühlte ich mich dennoch nicht.

Mitte Oktober wurde ich zu Costa ins Büro gerufen. Er wollte wissen, ob ich in meinen bisherigen Jobs eher strategisch oder operativ gearbeitet hatte. Was sollte ich darauf antworten. Ich wollte ja keinesfalls etwas Falsches sagen.

»Sowohl als auch. Ich hatte…«

Er hakte nach.

»Online oder im Direktmarketing?«

»Ich war im Direktmarketing. Erik war Online.«

»Willst du zukünftig unser Direktmarketing übernehmen?«

Ich schaute verwirrt.

»Aber den Job macht doch Sabine.«

»Ist okay. Mach dir keine Gedanken. Danke dir.«

Er entließ mich völlig ratlos aus seinem Büro.

Am nächsten Tag beerbte ich meine Kollegin Sabine. Die Nachricht kam wie aus heiterem Himmel, man hörte sie laut schluchzen, als der Abteilungsleiter ihr die Kündigung aussprach. Danach ging alles sehr schnell. Es gab eine Zusammenkunft mit allen Kollegen aus dem Marketing, Costa machte eine kurze Ansage und ich übernahm mit sofortiger Wirkung das Direktmarketing. Danach kehrten alle wieder an ihre Plätze zurück. Mich beschlich das Gefühl, dass hier nicht lange gefackelt wurde, wenn es darum ging, eine Stelle neu zu besetzen. War das der besagte Ehrenkodex *Respect for People*? Ich fühlte mich furchtbar schlecht, dass ich den Job einer Kollegin übernommen hatte, die mit einer fadenscheinigen Begründung nur Stunden zuvor gefeuert worden war.

Als ich die neue Stelle antrat, war mir dabei ziemlich unwohl zumute. Schnell fühlte ich mich in dem neuen Marketingteam aber sehr wohl, und die folgenden Monate vergingen wie im Flug. Das Projekt von Erik und mir war auf Eis gelegt worden – zur großen Erleichterung von Geschäftsleitung und den anderen beteiligten Abteilungen. Und es war auch schnell ein offizieller Grund für die Projektverschiebung gefunden: Die Bank stand vor der Umsetzung von neuen gesetzlichen Anforderungen. Diese Aufgabe wurde ab sofort mit oberster Priorität verfolgt und alle schienen dankbar dafür. Ob die gesetzliche Anforderung nun für das Tagesgeschäft entscheidend war oder nicht, war dabei unerheblich. Hauptsache, es war ein Vorwand gefunden worden, um das unliebsame Projekt wieder einmal verschieben zu können.

Endlich hatte ich wieder eine Arbeit, die ich gerne machte! Während meiner Zeit beim Direktmarketing entwickelte ich eine Kontaktstrategie für Kunden, baute ein kleines Callcenter auf, dünnte Prozesse aus, strich Aufgaben, entwickelte neue Ideen und begann, mein Netzwerk zu spinnen. Anfangs schlug mir noch Widerstand entgegen, aber im Laufe der Zeit lernten meine Kollegen, mich und meine Arbeit zu schätzen. Ich konnte wieder kreativ sein und die Zusammenarbeit machte mir richtig Spaß. Ich war sehr froh, dass ich meine Rolle im Unternehmen schließlich doch noch gefunden hatte.

In den folgenden Monaten gab es Projekte über Projekte, klein aber fein. Die Direktoren der Bank wechselten zu dieser Zeit mehrfach, aber jeder schätzte mich und meine Beratungskompetenz. Ich genoss hohes Ansehen und man versicherte mir mehrfach, eine der tragenden Säulen im Marketing zu sein.

Die Aufgaben wurden im Laufe der Zeit Alltag, denn in einem Unternehmen, das keine Mailings außer den Auslaufschreiben zur Vertragsverlängerung versendet, war das Direktmarketing überschaubar. Anfangs war ich von dem neuen Job begeistert, jetzt in der Routine stellte ich fest, dass langsam wieder Langeweile in mir aufkeimte. Zudem gab es nicht viel zu tun, und Schnelligkeit war auch nicht wichtig. Eine Kollegin sagte irgendwann mal im Donnerstagsmeeting: »Ich bin am Montag erst aus dem Urlaub zurückgekehrt und ich habe jetzt erst mit Mühe meinen Schreibtisch gesichtet, daher kann ich zum aktuellen Zeitpunkt noch nichts Genaues sagen.« Oh Scheiße, ich hatte ein Déjàvu: Das hier erinnerte mich gerade sehr an meine Zeit bei der KonsumBank. Bitte nicht schon wieder.

Mir war langweilig. Erst ein bisschen, dann immer mehr. Ich war am gleichen Punkt angekommen wie damals bei der KonsumBank. Ich suchte meine Befriedigung, die ich durch die großzügig bemessene freie Arbeitszeit hatte, indem ich mich wieder der ausgiebigen privaten Urlaubsplanung widmete. Meine Exceltabellen waren legendär, und für die Recherche verbrachte ich täglich mehrere Stunden im Internet.

Alle staunten, wenn ich mit rotem Kopf intensiv auf den Bildschirm schaute.
»Ja, ich stecke tief in strategischen Analysen. Aber mir macht das echt Spaß.«
Ich gab mich betont vertieft und konzentriert.
Mein Chef bestärkte mich.
»Das ist die Hauptsache.«
Derweil legte ich ihm eine Präsentation hin, so freuten wir uns beide: Er war beschäftigt und ich hatte meine Ruhe.

In den Bann zog mich eine erneute Promotion der Lufthansa, mit deren Hilfe ich binnen sechs Wochen den bei Vielfliegern so beliebten Senator Status erfliegen konnte. Dieser ermöglichte viele Annehmlichkeiten vor und während der Reise und sollte mir für die Urlaube nutzen. Um die nötigen Meilen zu sammeln, flog ich teils an Wochenenden, teils an freien Gleittagen – und manchmal meldete ich mich auch einfach krank. So hatte ich wieder eine Aufgabe und holte mir über den Status meine fehlende Anerkennung.

Ich werfe einen Blick auf die Uhr. Es ist schon wieder später Nachmittag. Ich spaziere zu einem kleinen Tempel in der Nähe des Hotelresorts. Die Aussicht ist bei Sonnenuntergang sehr schön und spirituell. Anschließend statte ich dem Caféhaus einen Besuch ab. Der selbst angebaute und geröstete Kaffee schmeckt echt lecker. Hach, man muss auch mal sündigen.

Nach dem Abendessen entdecke ich in einer Zeitschrift einen interessanten Artikel über einen Pariser Anwalt, der an Bore-out erkrankt ist. Er ist 28 und arbeitet täglich von 9.00 bis 20.00 Uhr in einer großen Kanzlei. Seine Zeit im Büro verbringt er mit ausgedehnten Kaffeepausen und stundenlangem Surfen im Internet. Auf diese Weise verbringt er dreiviertel seiner Arbeitszeit im Grunde mit Nichtstun. Genau so war es ja auch bei mir: Weil ich viel zu wenig zu tun hatte, habe ich meine Zeit stattdessen mit privaten Dingen zugebracht. Und während ich das Gefühl hatte, beschäftigt zu sein, entstand gleichzeitig in mir der Eindruck des Nichtgebrauchtwerdens und der Langeweile, was letztlich zum Bore-out führte. Die Zahl der Menschen, die an dieser Krankheit leiden, steigt zunehmend. Auch der Anwalt erkrankte daran, dass er beruflich nicht gefordert war und seine Zeit stattdessen mit Online-Spielen vertrödelte. Bei ihm führte das zu einer tiefen Depression mit Tendenzen zum Selbstmord. Wie erschreckend. Immer wieder entdeckte ich beim Lesen des Artikels Parallelen zu meiner eigenen Geschichte. Chronische Langeweile gepaart mit der Frustration über diese Situation hatten sich in mir breit gemacht und mich langsam vertrocknen lassen.

Ich konnte die Arbeit in der Bank nicht mehr ernst nehmen, fristete stattdessen die nächsten drei Jahre mein Dasein. Hauptsache, ich hatte einen Job und meine Gehaltszahlung am Monatsende – mehr zählte für mich nicht zu diesem Zeitpunkt. Regelmäßig gegen Ende eines Quartals befiel mich die Angst, rausgeworfen zu werden, weil ich keine Leistung mehr brachte. Aber alle waren von mir begeistert und mit meiner Arbeit zufrieden. Ich hangelte mich von einem Urlaub zum nächsten. Der Kantinengang war immer mein Highlight des Tages. Je ungesünder desto lieber, ich nahm damals fast zehn Kilo zu. Im Frühsommer nutzte ich jede Gelegenheit, zu einem nahegelegenen Bauernhof zu fahren. Dort gab es köstliche Erdbeeren und den besten Spargel in der ganzen

Region. Auf diese Weise konnte ich für ein leckeres Abendessen schnell die notwendigen Zutaten besorgen und freute mich für den Rest des Arbeitstages auf die Genussbefriedigung nach Dienstschluss.

Als ich einmal auf dem Weg vom Bauernhof zurück zum Büro war, stellte ich entsetzt fest, dass meine Hose total speckig war. Kein Wunder, trug ich sie doch fast täglich und dazu stets die gleichen abgetragenen Schuhe. Ich ließ mich total gehen. Was mir früher wichtig war, spielte kaum noch eine Rolle in meinem Leben. Ich war uninteressiert an den Dingen, die um mich herum geschahen und vernachlässigte mein Erscheinungsbild. Eine Krawatte trug ich schon lange nicht mehr. Wozu auch? Für meine Chefs? Es interessierte eh niemanden. Kundenkontakt hatte ich ohnehin nicht, und die wenigen Male, wo sich wichtiger externer Besuch ankündigte oder ich zu einem Kunden fuhr, wusste ich mich anzuziehen. Ich nahm meine Arbeit längst nicht mehr ernst und fand einfach alles nur noch lächerlich.

Meetings wurden für mich zur Qual, besonders die zur Projektsteuerung mit den EDV-Kollegen. Wir beschäftigten uns mit Mondscheinplänen, die alle Nase lang erneut durchgesehen und überarbeitet, neudeutsch *gereviewt* wurden. Die Pläne machten in den seltensten Fällen Sinn, selbst der Begriff Grobplanung wäre übertrieben. Regelmäßig wurde ich von der Projektabteilung zur sogenannten Lesestunde eingeladen: Laut lasen wir Abschnitte aus den Projektkonzepten vor, um sie besser zu verstehen und darüber reflektieren zu können. Wie im Kindergarten saßen hier Woche für Woche bestens ausgebildete, intelligente Menschen in einem Raum und lasen sich Schriftstücke vor! Ich hatte schnell durchschaut, wie ich diese langweiligen Meetings noch weiter in die Länge ziehen konnte, nämlich indem ich

Fragen stellte. Das machte mir in dieser unspannenden Situation irgendwie Spaß. Heute weiß ich, dass es typisch für Bore-out-Erkrankte ist, sich über die eigene Situation lustig zu machen. Ich fand es unfassbar grotesk, dass meine Kollegen die Meetings nicht als langweilig empfanden. Für sie waren meine absurden Fragen ein Zeichen von Interesse und begeistert antworteten sie darauf in epischer Breite. Je konfuser meine Rückfragen waren desto besser. Mein Abteilungsleiter, der selbst nicht an den Meetings teilnahm, brachte die Arbeitsweise auf den Punkt.

»Kein Wunder, dass wir hier mit keinem Projekt vorankommen, schließlich muss man ja vorher jedem Floh dreimal in den Hintern leuchten.«

»Dann komm doch nächstes Mal mit und sag denen das. Ich empfinde diese Meetings auch als eine Zumutung.«

»Nein, ich nehme daran nicht teil, aber geh du bitte dahin. Das ist alles sehr politisch, da müssen wir auf jeden Fall unser Gesicht zeigen. Halte die Bälle in der Luft, aber bringe uns keine Arbeit zurück. Immer schön das Gehege sauber halten.«

Inzwischen hatte die Marketingabteilung mal wieder umstrukturiert, die Heißdüse Erik war mittlerweile befördert und mein Teamleiter geworden. Unser Team hieß jetzt Digital Improvement. Ein wohl klingender Name, doch was hier genau *improved*, also verbessert werden sollte, das wusste keiner so genau. Die Situation im digitalen Geschäft war zum Verzweifeln. Die dringend benötigte Unterstützung durch die EDV gab es nicht, die Infrastruktur und das vorhandene Know-how waren rudimentär und nicht zeitgemäß.

Umso glücklicher war ich, als die EDV eine neue Kollegin einstellte. Eine sehr nette junge Dame, die unsere Anliegen verstand und die passenden Lösungen bot. Wenige Wochen nach ihrem Dienstantritt stand sie mit roten Augen bei unserem Abteilungsleiter. Weder dürfe sie uns weiter unterstützen, noch mit uns kommunizieren. Ihre Chefs hatten es ihr verboten.

Zur Behebung eines unserer Probleme hatte sie eine browserbasierte Lösung vorgeschlagen. Über das bankeigene Hosting war dies nicht mehr umsetzbar: Das System war zu langsam und störanfällig, die Kollegin hätte außerdem in einer moderneren Sprache programmieren müssen.

Somit standen wir wieder alleine da mit unserem digitalen Problem, das wir ohne Hilfe nicht lösen konnten. Hier hätte das gesamte Haus an einem Strang ziehen müssen. Auf dem Flur informierte mich der Leiter der EDV, dass die Kollegin nicht mehr bei uns sei. Man habe sich von ihr getrennt, sie hätte einfach nicht ins Team gepasst.

Zugegeben, die Digitalthemen waren nicht wirklich mein Steckenpferd. Aber wie auch? Nichts funktionierte auf unseren Internetseiten. Doch niemand schien sich ernsthaft für die Abteilung Marketing zu interessieren. Wenn tatsächlich einmal Änderungen durchgeführt wurden, dann ging es höchstens mal um einen Button oder eine Schriftart, was insgesamt gesehen keinerlei Verbesserung bedeutete. Jede Woche lieferte ich daher lediglich Updates in meinem Projektplan mit dem Hinweis auf den Status *Pending*, was nichts anderes bedeutete, als dass das Problem noch nicht behoben war. Es war für mich unfassbar, dass es in unserem Unternehmen niemanden zu geben schien, der sich hierfür verantwortlich zeigte. Andererseits wiederum war es kein Wunder, denn die Vorgesetzten gingen nicht in die erforderlichen Priorisierungsmeetings, um den Themen nachhaltig Druck zu verleihen. Stattdessen saßen sie in Strategie- und Brainstormingmeetings und ließen sich berieseln. So konnte der Direktor der IT seine internen und von ihm bevorzugten Themen ohne Schwierigkeiten quasi im Alleingang priorisieren. Der Bereich Marketing blieb dabei leider auf der Strecke. Nie werde ich die Reaktion des ITDirektors bei einem der Meetings vergessen. Ich präsentierte den Fachkollegen ein Strategiepapier, das von der Geschäftsleitung nach endlosen Monaten endlich verabschiedet worden war. Kurzsichtig beäugte der ITDirektor das Papier, indem er sein linkes Auge fast auf den Tisch legte.

»Ich suche die Unterschrift. Ah, da ist sie. Oh, gleich die ganze Riege hat das Ding unterzeichnet.«

Er schaute schwer atmend in die Runde und sagte zu seinen ITMitarbeitern:

»Das, meine Herren, ist eine von der Geschäftsleitung unterschriebene EDV-Anforderung mit höchster Priorität. Das bedeutet Arbeit.«

Ich war auf Dienstreise nach Brüssel mit meinem neuen Direktor. Er hieß Eberhard und war inzwischen der vierte Direktor zu meiner Zeit bei der Bank. Man sagte ihm nach, ein Treiber zu sein, jemand, der Dinge nach vorne brachte. Ich wollte die Reise dazu nutzen, ihm vom Tagesgeschäft sowie meinen Sorgen zu berichten. Aber er wollte das gar nicht hören, stattdessen fragte er mich gezielt aus über einzelne Kollegen und mein Verhältnis zu diesen Personen.

Das Meeting in Brüssel wurde abgehalten mit den Marketingdirektoren der einzelnen europäischen Länder und war ein echter Erfahrungskurs in Sachen krampfhaftes Wachbleiben und sinnfreies Brainstormen. Als unser deutsches Thema debattiert wurde, stellte ich fest, über wie wenig Hintergrundwissen mein oberster Chef verfügte. Doch wenn er seine Punkte inhaltlich auch nicht korrekt darstellte, so brachte er sie dennoch überzeugend rüber. Davon war ich auf der einen Seite beeindruckt, auf der anderen Seite peinlich berührt. Ich malte mir aus, mit welchem Halbwissen er auch bei uns durch die Etagen und die diversen Management-Meetings schwebte.

Tag 18

Heute reist Karen ab. Wir verabschieden uns und verspre-
chen, in Kontakt zu bleiben und uns in Köln wiederzusehen.

Bis mein Essen kommt, vertiefe ich mich in meine Lektüre
von Jon Kabat-Zinn »Im Alltag Ruhe finden«. Dieses Buch
gibt mir so viel Kraft und spirituelle Energie, dass ich einfach
nicht aufhören kann, hierin zu lesen und die positiven Worte
aufzusaugen. Ein darin enthaltenes Gedicht von Laotse aus
seinem Buch *Tao Te King* bewegt mich sehr.

>*»Das Schwere ist die Wurzel des Leichten.*
>*Das Unbewegte ist die Quelle aller Bewegung.*
>*So reist die Meisterin den ganzen Tag,*
>*ohne ihr Haus zu verlassen.*
>*Wie wundervoll die Anblicke auch sein mögen,*
>*so bleibt sie heiter in sich selbst.*
>*Warum sollte die Herrscherin*
>*hin und her flattern wie eine Närrin?*
>*Wenn du dich hin und her blasen lässt,*
>*verlierst du die Verbindung zu deiner Wurzel.*
>*Wenn du dich von der Rastlosigkeit umhertreiben*
>*lässt,*
>*verlierst du die Verbindung dazu, wer du bist.«*

»Lassen Sie die Dinge so sein, wie sie sind.« Ich soll zufrieden sein mit dem, was ich habe und darüber, wer ich bin.

Die Arbeit an meinen Aufzeichnungen lässt mich nicht los,
ich verbringe Stunden am Laptop. Gerade jetzt, nachdem
ich die schlimmsten Phasen meines Berufslebens zu Papier
gebracht habe, fühle ich mich befreit. Ich kann regelrecht
spüren, wie die ständigen Grübeleien weniger werden. End-

lich erlebe ich einen Wendepunkt in meinem Leben. Ich bin in Nepal und kann mich und meine Vergangenheit ordnen, kann mit den schmerzhaften Erlebnissen abschließen. Ich erkenne einen echten Fortschritt: Zum ersten Mal gelingt es mir, nicht nur die alten Situationen zu beschreiben, sondern auch Schlussfolgerungen und damit verbunden Erkenntnisse für mich und mein zukünftiges Leben aufzuschreiben. Ich bin stolz auf das, was ich bisher erreicht habe und genieße dieses Gefühl ohne die traurigen Nebentöne, die meine Depression und die damit verbundenen ständigen Selbstzweifel verursachten. Das macht mir Mut für die Zukunft. Ja, ich habe keine Angst mehr vor dem, was kommt, ich befinde mich endlich auf dem Weg zum Glück, wie mir die Karte meiner Psychologin immer wieder visualisiert.

Im Januar 2011 wurde Simon von seinem Arbeitgeber für drei Jahre nach Amsterdam versetzt. Wir beschlossen, unsere Wohnung in Köln aufzulösen, eine gemeinsame Wohnung in Amsterdam sowie eine kleine Wohnung für mich in Köln zu suchen. Und endlich hatte ich wieder eine sinnhafte und verantwortungsvolle Aufgabe: Ich organisierte und überwachte die Umzüge, richtete die neuen Wohnungen ein und koordinierte die Handwerker. Wir hatten vor, die kommenden drei Jahre zu pendeln. Dreimal im Monat wollte ich nach Amsterdam fahren, einmal im Monat sollte Simon zu mir nach Köln kommen.

Ich sprach mit meinen Chefs über eine mögliche Arbeitszeit im Rahmen von Home-Office. Meine Befürchtung war, dass durch das Pendeln und die räumliche Distanz die Beziehung zu Simon gefährdet werden könnte. Meine Begründung gegenüber den Chefs lautete jedoch, dass ich an Präsentationen, Exceltabellen und sonstigen Konzeptpapieren problemlos auch von Amsterdam aus arbeiten, an Meetings mittels Telefonkonferenz teilnehmen könnte. Man fand meinen Ansatz grundsätzlich nicht verkehrt und unterstützte mich. Letztlich einigten wir uns darauf, dass ich an drei Freitagen im Monat von zu Hause aus arbeiten solle, den vierten Freitag wollte ich ja ohnehin mit Simon in der Base in Köln sein und somit auch im Büro. Meinen Antrag gab ich im Anschluss an das Gespräch in die Personalabteilung. Die Rückmeldung erfolgte prompt: Home-Office würde nur Müttern gewährt, um diesen nach dem Ende der Elternzeit einen leichteren Wiedereinstieg in ihren Job zu ermöglichen. Das fand ich ein bisschen diskriminierend.

»Ach, das ist ja interessant, das würde mich mal aus der Brille des Allgemeinen Gleichstellungsgesetztes interessieren. Können Sie das bitte noch mal überprüfen?«

Nach einer halben Stunde rief eine Mitarbeiterin der Personalabteilung zurück und teilte mir verlegen mit, dass meinem Antrag selbstverständlich gerne stattgegeben würde.

Ich erhielt für die Zeit in Amsterdam ein Laptop. Dieses hatte jedoch so seine Tücken. Das Einwählen war kompliziert, viele Programme ließen sich über Remote nicht öffnen. Zudem gab es dauernd Probleme mit dem Sicherheits-Token, ständig hing ich in der Warteschleife der EDV. Jeden Freitagmorgen war es eine Riesentortur, mich im Bankrechner einzuwählen. Aber egal, ich biss mich durch, zumal ich ja ohnehin nicht wirklich viel auf dem Tisch liegen hatte. Die Netzwerkverbindung zum Bankrechner lief über WLan, in einer Wahnsinnsgeschwindigkeit. Mein bester Freund war die Eieruhr auf dem Bildschirm.

Die Zeit in Amsterdam nutzte ich hauptsächlich zum Ausschlafen. Ich war überhaupt ständig müde und erschöpft, konnte mir den Zustand damals aber nicht erklären. Morgens fuhr ich den Rechner hoch und meldete mich alibimäßig an, indem ich allen Kollegen im Büro eine Guten-Morgen-EMail schrieb. Viel zu tun hatte ich aber nicht. Für die meisten Kollegen begann das Wochenende zudem schon freitagsmittags, sodass mir mehr als genug Zeit blieb, mich ausgiebig meinen Lieblingsserien zu widmen. Ich sah mir alle Staffeln von *Queer as Folk*, *Downton Abbey* und sogar *Twilight* an. Ein schlechtes Gewissen hatte ich dabei nicht, schließlich schaffte ich das Wenige, das ich zu tun hatte, weiterhin ohne Probleme. Ich dachte damals auch gar nicht darüber nach, was ich da eigentlich tat: stundenlang Serien zu schauen statt zu arbeiten. Dass mir diese Beschäftigung nur eine sehr kurzfristige Entspannung, jedoch keine wirkliche Befriedigung verschaffte, war mir gar nicht bewusst.

Anstelle von Home-Office machte ich derweil unser Home sauber. Ich kümmerte mich um den Haushalt. Nachdem ich drei Ladungen Wäsche gewaschen und zwei Lieferungen Wein entgegengenommen hatte, fiel ich ermattet auf die Couch. Ein Anruf riss mich aus meinen Träumen, gerade als sich ein Vampir von Twilight in die Sonne stellte und sein Hühnerbrüstchen glitzern ließ.

»Jjjaa, hhaaallo ...?«

Die hektische Stimme meiner Kollegin Elfi donnerte mir entgegen.

»Lars, Elfi hier. Wo habe ich dich denn hergeholt?«

»Du, ich ... ähm ... Ich bin hier in Amsterdam. Ich war gerade vertieft in die Analysen, die mir das Controlling zugesandt hat. Wenn man sich einmal in die Zahlen vergraben hat – du kennst das ja.«

Ich suchte etwas krampfhaft nach intelligenten Worten.

»Ja, das kenne ich. Ich will dich auch nicht lange stören, aber ich warte noch auf deine Freigabe für das Mailing, das heute in den Druck muss. Konntest du das schon prüfen?«

Ich war gedanklich immer noch bei dem niedlichen Vampir und stolperte über einen Pizzakarton, der neben einer leeren Dose Cola Light und einigen Täfelchen Schokolade auf dem Boden herumlag. Das Mailing hatte ich mir noch nicht angesehen.

»Äh, ja, Elfi, alles gut. Das Mailing ist – richtig gut geworden. Ich meine – es spricht unsere Kundengruppe perfekt an.« Ich sprach abgehackt. Schweigen am anderen Ende der Leitung.

»Findest du wirklich? Ist es nicht zu provokant?«

Ich hatte absolut keinen Plan, versicherte ihr aber, dass sie ihre Arbeit toll gemacht hätte. Elfi war sehr stolz.

Ich warf nur einen kurzen Blick auf das Freigabelayout. Letztlich war es die immer gleiche, langweilige Werbekarte mit einem Auto darauf. Jedes Mal krönte die Karte dieselbe Überschrift. Ich gab das Layout ohne weitere Prüfung frei. Es interessierte mich einfach nicht, und ich hatte auch keine Kraft, Alternativen mit meiner Kollegin auszudiskutieren.

Während der Meetings in Köln war ich regelmäßig mit meinen Gedanken woanders, war mit privaten Dingen beschäftigt wie zum Beispiel der Zubereitung eines Fünf-Gänge-Menüs. Ich hatte den lecker angerichteten Teller mit der Vorspeise genau vor Augen. Derweil schwadronierte mein Chef von der Wichtigkeit der digitalen Welt.

»... und dann auch die Einbeziehung der CRM-Maßnahmen in die Importeursstruktur, immer mit Fokus auf den Wiederkauf unserer Kunden ...«

Die Worte zogen an mir vorbei, ohne dass ich sie wirklich begriff.

»Oder Lars, wie siehst du das?«

Alle Augen waren auf mich gerichtet, ich erwachte aus meinen kulinarischen Tagträumen. Ich nickte zustimmend.

»Ja, äh. Genau so! Das ist unsere Chance, alle schnell zufriedenzustellen und zu motivieren!«

Mein Chef strahlte vor Begeisterung.

Ich setzte mein Pokergesicht auf und tastete mich langsam an das Gespräch heran.

»Somit können wir auch Synergien für das gesamte Unternehmen realisieren und die Erträge nachhaltig steigern.«

Während ich problemlos in die Management-Sprache switchte und improvisierte, fürchtete ich gleichzeitig, dass man meine wahren Gedanken würde lesen können.

Doch meine Chefs wieherten vor Vergnügen, sogar Eberhard war nicht eingeschlafen, sondern hing begeistert an meinen Lippen.

Was waren diese Meetings doch für eine sinnlose Zeitverschwendung! Erst wurden realitätsferne Ideen generiert, dann scheiterte deren Umsetzung regelmäßig aufgrund fehlender Ressourcen oder mangelnder Bereitschaft seitens der Mitarbeiter. Niemand tat mehr als unbedingt nötig. Eigentlich waren neunzig Prozent der Leute überflüssig. Diese Erkenntnis frustrierte mich total. Man hätte locker die halbe Bank in einen Bus packen und für drei Monate nach Lloret de Mar verfrachten können: Der Laden wäre trotzdem weitergelaufen, mit den gleichen Ergebnissen. Hinter vorgehaltener Hand hieß es schon seit geraumer Zeit, dass die Firma längst nicht mehr wettbewerbsfähig sei. Wir würden nicht ein einziges der besprochenen Projekte umsetzen. Aber das wollte hier keiner wahrhaben. Die Luft im Raum wurde immer stickiger, so sehr hatten sich alle in Rage geredet. Ich stand auf, öffnete ein Fenster und sagte mit Blick zu meinen Chefs:

»Ich muss mal lüften, hier ist mir zu viel Testosteron im Raum.«

Die Alphatierchen verstanden meinen Gag nicht, lächelten aber dankbar, als eine kühle Brise in den Raum hineinwehte. Meine Kolleginnen grinsten nur.

Nach der Besprechung traf ich eine Kollegin auf dem Flur.

»Ich bin immer wieder fasziniert, wie du das alles schaffst! Hier die vielen Projekte und zu Hause in Amsterdam zauberst du jeden Abend ein Fünf-Gänge-Menü, unglaublich.« Entgeistert schaute ich sie an. Konnte sie etwa meine Gedanken lesen?

In den vergangenen Monaten hatte die Bank viele Kunden verloren. Hintergrund war, dass die Autohändler zwar das Fahrzeug mit einem unserer Finanzierungsprodukte verkauften. Jedoch nur, um die unzähligen und komplizierten Subventionen abzugreifen. Sobald der Vertrag gebucht und das Fahrzeug zugelassen war, erinnerte der Autohändler den Kunden daran, den Vertrag abzulösen. Das wurde in der Bank nicht geprüft, dieser Prozess lief automatisch ab.

Mir fiel dieses für die Bank nachteilige Vorgehen der Händler auf und ich dokumentierte den dazugehörigen fehlerhaften Prozess. Gemeinsam mit einer Praktikantin erstellte ich ein Profil vom potenziellen Ablöser nebst einer Portfolioanalyse und den erforderlichen Gegenmaßnahmen. Ich präsentierte die Ergebnisse unserem Direktor. Seine Reaktion war erschreckend.

»Danke Lars, für diese sehr gute Auswertung.«

Er legte die Unterlagen beiseite.

»Allerdings sind das Dinge, die wollen wir nicht sehen.«

»Aber wir müssen einen Stöpsel in die Wanne bekommen. Ansonsten fließt unser Vertragsportfolio schneller ab, als es uns lieb ist.«

Er blickte mich gönnerhaft an.

»Das mag so sein, aber unsere neuen Kampagnen greifen gut. Und jetzt legen wir erst einmal unseren vollen Fokus auf die digitalen Projekte.«

Meine Aufzeichnungen beschreiben meinen inneren Rückzug und sind ein Zeugnis meiner geistigen Insolvenz. Ich war resigniert und frustriert. Und meine Rückenschmerzen nahmen wieder zu, verbunden mit elenden Stichen in der Brust. Am schlimmsten aber waren die mittlerweile chronischen Schmerzen im unteren Rücken. Nur mit Ibuprofen, schachtelweise Zigaretten und Alkohol überstand ich den Tag. Eine Flasche Wein am Abend zum Runterkommen war ganz normal. Runterkommen – von was eigentlich? Raus aus der Langeweile und rein in den Genuss. Eine super Kombination, wie mir auch mein Magen schon sehr bald zu verstehen geben sollte.

Jede Erholung durch Urlaub verpuffte sofort. Die Reisen waren wie eine Droge: endlich raus in die Welt, in die Freiheit nach Übersee. Ich versuchte, jede Minute zu genießen, um voller Energie in den Job zurückzukehren. Aber sobald ich mein Büro betrat, war sofort wieder alles beim Alten. Meine Batterie ließ sich einfach nicht mehr aufladen.

Ich suchte nun ständig Ärzte auf, angefangen beim Orthopäden zum Einrenken und Spritzen, über meine langjährige Osteopathin Ina Carst bis hin zur Physiotherapeutin Lea. Dauerhaft helfen konnte mir niemand, nur eine kurzfristige Linderung gelang. Auch ein Pilateskurs verursachte mir teilweise mehr Schmerzen, als dass er nachhaltig zu einer Besserung führte. Immerhin trieb ich, neben dem sporadischen Joggen mit Simon, regelmäßig Sport.

Ich flüchtete mich in Massagen und Streicheleinheiten. Während der Arbeitszeit fuhr ich zur thailändischen Kräuterstempelmassage nach Zollstock, während meine Kollegen ihre neuen Dienstwagen einweihten, die Zeit mit Surfen im Internet verbrachten oder einfach im Hotel nebenan mit der

Assistentin vögelten. Jeder hatte seine eigene Art, die Arbeitszeit zu verbringen.

Die Thaimassage tat mir jedes Mal aufs Neue sehr gut. Es war einfach unglaublich, wie der kleine Masseur es schaffte, meine müden Muskeln zu entspannen. Mein Körper war so lädiert, dass ich vor der Behandlung eine Ibuprofen nahm, um die Massage ohne Schmerzen genießen zu können. Mit dem Erfolg, dass ich während der Rückenmassage einpennte und das kleine Thaistudio zusammenschnarchte, was mir bei den Thais den Spitznamen »Mista Schnaach« einbrachte. Ich genoss die Ruhe und die warme Liege, während ich bei sanfter asiatischer Musik vor mich hindämmerte und alles um mich herum für zwei Stunden vergessen konnte.

Die Bank kündigte in der Zwischenzeit meiner Lieblingsagentur, die mir besonders ans Herz gewachsen war. Gemeinsam mit dem kleinen Kreativteam hatten wir in den letzten Jahren einiges aufgebaut, was allerdings nicht von der Akzeptanz in Vertrieb und Handel gekrönt war. Aber wie sollte eine kleine Agentur ohne Budget auch Berge versetzen in einer Welt voller Regularien und unrealistischer Wünsche von Vorgesetzten? Am grünen Tisch wurde letztlich entschieden, sich von der Agentur zu trennen. Alle Einwände, die ich gemeinsam mit meiner Kollegin vorbrachte, blieben unberücksichtigt. Dem Agenturchef blieb nichts anderes übrig, als seine Mitarbeiter zu entlassen und in die Insolvenz zu gehen. Ich war sehr traurig, weil die Zusammenarbeit mit dieser Agentur eine der ganz wenigen Tätigkeiten gewesen war, die mir noch Spaß gemacht hatte.

Ich litt sehr. Allerdings im Stillen, nach außen hin schien es, dass ich alles im Griff hatte und cool in meiner Rolle funktionierte. Ich konnte meine innere Notlage hervorragend kaschieren, zumal ich meine Situation selbst auch gar nicht wahrhaben wollte. Noch immer hatte ich nicht wirklich realisiert, was die Erfahrungen der letzten Jahre mit mir angerichtet hatten. Obwohl mein Körper streikte und mir konsequent schmerzhafte Signale sandte, hatte ich den Zusammenhang zur Arbeitssituation noch immer nicht wirklich begriffen. Oder wollte ihn nicht begreifen. Krank.

Nach wie vor machte es mich fassungslos, wie viel Geld ich hier verdiente – für eine Tätigkeit ohne Sinn und Zweck. Dieses Arbeiten für die Tonne zermürbte mich. Die Angst davor, gekündigt zu werden, blieb, besonders, wenn es auf ein Quartalsende zuging. Anschließend setzte wieder Erleichterung ein und ich machte weiter wie gehabt. Es interessierte ja ohnehin niemanden. Ich hatte aber für mich erkannt, dass die extrinsische Motivation, also die hohe Gehaltszahlung, für mein Wohlbefinden, nicht ausreichend war. Vielmehr empfand ich es als Schmerzensgeld für die sinnlose Arbeit. Ich verwahrloste innerlich, ich trocknete aus.

Briefings von meinem Chef und Gesprächen in den Teammeetings konnte ich teilweise gar nicht mehr folgen. Es war für mich, als würde man sich in einem Sciencefiction-Film über ein schwarzes Loch unterhalten: nichts als Fachchinesisch und eigentlich total uninteressant. Teilweise saß ich aber in den Meetings mit Herzrasen, während die eine meiner inneren Stimmen zu mir sprach: *Los, Lars, kämpf doch, kämpf! Beteilige dich! Das ist doch spannend*! Die andere Stimme wiederum vergrub sich in meinem Rücken und sagte nur: *Boh, ist das langweilig. Wo sitzt du hier eigentlich? Guck mal raus in das Grün, wie schön die Natur ist. Und du verplemperst hier deine Zeit, dein Leben!*

Einen Großteil des Arbeitstages verbrachte ich damit, das Online-Spiel Candy Crush zu spielen, schaffte es bis ins

Level 1.250! An meinem Arbeitsplatz hatte ich stapelweise Projektordner und Klarsichtfolien mit Projekten, die auf Eis gelegt waren oder deren Zeitplan ich mal wieder anpassen musste. Ob ich das nun diese oder nächste Woche machte, interessierte niemanden. Gelangweilt blätterte ich in den Unterlagen. Wie viele Bäume hierfür gefällt worden waren! Was für eine Verschwendung, welch eine Gräueltat an der Natur.

Ich sortierte die Klarsichtfolien immer wieder von rechts nach links. Wenn ich nicht an meinem Smartphone spielte oder im Internet surfte, ging ich auf die Toilette und alle vierzig Minuten eine rauchen und einen Kaffee trinken. Ich flüchtete mich in meine Traumwelt, spielte auf der Toilette weiter meine Smartphonespiele. Ich habe mich dabei gequält und geschämt. Manchmal saß ich auch einfach nur da, die Hände auf die Knie gestützt und machte ein Mittagsschläfchen von einigen Minuten, um die Zeit totzuschlagen. Zu arbeiten gab es ja eh nichts für mich.

Sobald ich zu Hause war, konnte ich mich vor Erschöpfung und Müdigkeit kaum auf den Beinen halten und fiel auf die Couch. Müde vom Nichtstun – das war so bitter! Ich fühlte mich, als hätte ich ein totales Schlafdefizit, aber das war nicht der Fall. Nacht für Nacht schlief ich acht bis neun Stunden, trotzdem war ich permanent erschöpft und antriebslos.

Während ich morgens Simon verabschiedete, beschrieb er mir seinen beruflichen Trip der nächsten zwei Tage.

»Ich fliege heute nach London, dort habe ich ein Kreditkomiteemeeting. Anschließend fliege ich zu einem Closing Dinner weiter nach Genf. Daher übernachte ich heute Abend auch in Genf. Morgen früh geht es dann weiter nach Paris und am Nachmittag zurück mit dem Thalys nach Köln.«

Ich schaute ihn fasziniert an. »Mir geht es ähnlich, ich fahre nach Monheim, danach auf die Aachener Straße zur Physiotherapie und übernachte dann in Köln.«

»Ach, du Armer, wie läuft es denn sonst im Büro?«

»Super! Mein Otter hat heute Blaubeeren gemacht und ich muss noch mein Dorf vor einer feindlichen Übernahme retten.«

Simon seufzte mitleidig und schaute mich fragend an. Er verstand nur Bahnhof.

»Na dann, viel Erfolg.«

»Danke, Schatz.«

Ich war geistig abwesend und betrachtete zufrieden mein Smartphone.

»So, jetzt habe ich meine Maulwürfe endlich mal zum Arbeiten gebracht.«

Ich war in der Bank der bestbezahlteste Sachbearbeiter, die bestbezahlteste Nichtführungskraft. Ich verdiente sogar mehr als der Abteilungsleiter. Dennoch erhielt ich noch einmal eine satte Gehaltserhöhung und den Hinweis meines Chefs, dass alle mit meiner Leistung sehr zufrieden seien. Weiter so! Okay, dachte ich mir. In meiner Beurteilung war zu lesen, dass man mich zur Führungskraft weiterentwickeln wolle. Ich hätte das Potenzial für eine Entsendung nach Brüssel, dem Europastützpunkt der Firma.

Ach du Scheiße, dachte ich. *Noch mehr Schotter*. Kein Wunder, dass ich solche Schuldgefühle hatte.

Mein Home-Office-Arbeitsplatz wurde vorzeitig gestrichen. Die Personalabteilung hatte es jahrelang versäumt, die Berechtigungen für Home-Office zu kontrollieren. Als dann auffiel, dass das vermeintliche Neugeborene der in den Job zurückgekehrten Mutter bald Abitur machen würde, riss der Geschäftsleitung der Geduldsfaden. Um den Wildwuchs insgesamt zu bekämpfen, wurden pauschal sämtliche Home-Office-Stellen mit sofortiger Wirkung und ersatzlos gestrichen.

Gegen Jahresende, kurz nach meinem vierzigsten Geburtstag, gewann ich den *European Marketing Award*, an dem alle angeschlossenen europäischen Länder teilnahmen. Der Witz war, dass ich ein Jahr vorher exakt die gleiche Präsentation mit demselben Projekt eingereicht hatte. Ich hatte lediglich das Datum angepasst und zwei Bulletpoints ausgetauscht. Wie ich nun plötzlich gewinnen konnte, war mir ein Rätsel. Neben einem Smartphone erhielt ich als Siegprämie eine Einladung in ein Kölner Sternerestaurant. Frustriert sah ich, wer plötzlich alles an meinem Erfolg teilhaben wollte, obwohl es doch mein vermeintliches Baby war, das an die Wand geknattert war. Drei Kolleginnen waren ebenfalls eingeladen, weil sie auch mehr oder weniger am Wettbewerb teilgenommen hatten. Okay, das fand ich fair. Dazu gesellten sich dann der Direktor, der Abteilungsleiter, zwei Gruppenleiter und sogar ein ehemaliger Gruppenleiter, weil er uns ja auch kannte. Eine Riege aus fünf unbeteiligten Führungskräften und vier Arbeitsbienen fand sich also im Restaurant ein, um auf meinen Award anzustoßen. Was für eine Dreistigkeit, wie sich meine Chefs ein Essen im Sternelokal erschnorrten! Dabei gaben sie uns zu allem Überfluss auch noch das Gefühl, als täten sie uns mit ihrer Anwesenheit einen Gefallen.

Es war so beschämend zu sehen, wie unwohl sich die Gruppenleiter fühlten, denn außer dem Direktor und dem Abteilungsleiter beherrschte keiner am Tisch den einfachsten Smalltalk. Lieber spielten die Herren am Smartphone oder fotografierten das Essen. Ein Teamleiter schickte seiner Frau das Passwort für eine Online-Videothek, damit sie eine Serie gucken konnte und kommunizierte dies lautstark zwischen den Gängen. Mit meinen drei Kolleginnen alleine hätte ich deutlich mehr Spaß gehabt.

Ich war so deprimiert und unglücklich und in meiner Situation gefangen. Mir fehlte aber die Erkenntnis, was dahinter steckte. Ich hatte keine Vorgesetzten, zu denen ich hätte aufsehen, geschweige denn, von denen ich etwas hätte lernen können. Während Eberhard regelmäßig bei Meetings einschlief, verteilte Erik Aufträge, die er selbst nicht in ihrer Gänze verstand.

Inzwischen war mir alles egal, ich vertrieb mir die Zeit nur noch mit Quatsch, telefonierte mit den Beinen auf dem Tisch, wenn meine Chefs in Urlaub oder auf irgendeiner Dienstreise waren. Einmal hatte ich den Marketingdirektor am Telefon.

»Natürlich arbeiten wir hier mit Hochdruck daran, Chef, die Analysen kommen heute noch.«

Während ich freundlich in den Hörer lächelte, hob ich den anderen Arm und roch demonstrativ unter meiner linken Achsel. Die Kolleginnen im Büro bogen sich vor Lachen.

Ich stellte aus Jux meiner Lieblingskollegin Fake-Termine über Outlook ein, zum Beispiel für den ersten Weihnachtstag zur Projektnachbesprechung. Meine Kollegin antwortete prompt, indem sie den Termin auf Neujahr um 8 Uhr verschob mit dem Hinweis, den sie mir von gegenüber durch das Büro laut zurief.

»Lars, ich habe deine Einladung auf einen anderen Termin gelegt. Da habe ich mehr Luft. Und ich lade noch die Direktoren dazu.«

Ich grinste.

»Okay, danke Schatz. Das sollten wir hoch aufhängen.«

»Macht nicht zu viele Termine!«

Eberhard hatte uns gehört und schritt ein, denn er befürchtete Arbeit.

Ein anderes Mal lud ich unsere Kreativagentur zum Brainstorming ein, Thema »Launch des neuen Löres XS«. Begeistert sagte die Agentur zu und fragte, ob sie schon etwas vorbereiten könne. Mein Kollege Sven durchschaute den Gag und blickte mich tadelnd an.

Als er später mit der Agentur telefonierte, teilte er der Mitarbeiterin mit, dass dieser Termin vorerst nicht stattfinden würde.

Löres ist im Übrigen der kölsche Begriff für das Gemächt des Mannes.

Zusammen mit meiner Kollegin gründete ich die Montagsgruppe, einen Pseudotermin, wo wir gedanklich alle Kollegen hinschickten, die wir nicht leiden konnten. Und die Anzahl der Teilnehmer wurde immer größer. Mit einem nicht zu überhörenden »Hallöchen« schwebte Kollegin Dunja in unser Büro. Sie hatte wie immer einen viel zu kurzen Rock an.

Mona schüttelte fassungslos den Kopf.

»Einen breiteren Gürtel hat sie anscheinend nicht gefunden. Und nächste Woche hat sie es dann wieder an der Blase.«

Dunja gab sich besonders wichtig. Sie hätte von der Montagsgruppe gehört und wollte wissen, ob sie auch einmal daran teilnehmen könne. Es sei bestimmt eine interessante Runde. Während Mona sich das Lachen verkneifen musste, versuchte ich, ernst zu bleiben.

»Ja, wir können dich gerne dazu laden. Das wäre für dich goldrichtig, Hasenzahn.«

»Oh, ich danke dir.«

Stolz zockelte sie auf ihren Stöckelschuhen und mit elegantem Hüftschwung davon.

Mona und ich hatten ohnehin den meisten Spaß im Büro. Ständig dachten wir uns neue schräge wie lukrative Geschäftsideen aus.

»Lass uns als zweites Standbein einen veganen Schuhladen eröffnen. Im Belgischen Viertel finden wir hierfür bestimmt viele dankbare Kunden.«

»Großartig! Vegane Schuhe. Aus glücklichem Bambus.«

Wir grölten. Erst jetzt wird mir bewusst, dass ich mit diesen vermeintlichen Albernheiten versuchte, den schmerzhaften Büroalltag erträglicher zu machen. Ich war der Clown für die anderen und gab mich dieser Rolle als Bespaßer bereitwillig hin. Meine Hauptaufgabe des Tages bestand darin, meine Kolleginnen zu unterhalten.

»Mona, ich wette, dass in Kürze wirklich so ein Blödsinn verkauft wird. Und zwar für viel Geld. Ich glaube, es scheitert im Moment nur an der passenden Location.«

Mona blickte mich über ihre Lesebrille hinweg an.

»Kannst ja mal eine Machbarkeitsstudie erstellen, Hase. Dann prüft Mutti das eingehend und teilt dir dann beim nächsten Treffen des Steuerungskomitees ihre Entscheidung mit.«

Daraufhin erstellte ich kurzerhand eine Management Summary Präsentation samt dazugehörigem Business Case. Ein paar schicke Grafiken rundeten meine Arbeit ab.

»Mensch, Lars, das sieht ja aus wie echt. Manchmal macht mir das wirklich Angst.«

»Es sollte dir vielmehr Angst machen, mit welch banalen Dingen wir hier im Haus den ganzen Tag unsere Zeit vertrödeln. Und das finden die Alphatierchen auch noch gut. Das einzige Ergebnis der vielen Meetings sind Augenringe und Hämorriden.«

Mona schüttelte energisch den Kopf.

»Die gehören doch alle weggeschlossen.«

Zurück am Arbeitsplatz klingelte mein Telefon.

Lustlos hob ich den Hörer ab.

»Erotik Center Liberty, guten Tag!«

Stocken am anderen Ende der Leitung.

»Oh, entschuldigen Sie, da habe ich mich verwählt.«

So einfach war das Gespräch beendet. Zum Glück kam ich doch noch pünktlich aus dem Büro, nahm meine Umhängetasche und machte mich auf den Weg zur Massage.

Am nächsten Morgen telefonierte ich mit Simon. Meine Freisprechanlage übertrug mir knatternd seine Stimme ins Ohr. Er befand sich auf einer Dienstreise in Singapur.

»Du bist aber spät dran heute.«

Ich gähnte laut auf.

»Ja, ich kam nicht aus den Füßen. Und das gerade heute. Ich muss mich ein bisschen beeilen, Schatz, daher nur ein kurzes Telefonat.«

»Bist du immer noch müde?«

»Ja, so geht das schon seit Wochen. Obwohl ich ausreichend lange schlafe, ich könnte nur pennen.«

»Was liegt denn heute im Büro an?«

»Na, wir haben doch das tolle Town-Hall-Meeting.«

Simon lachte knatternd.

»Wissen die in deinem Laden überhaupt, was ein Town Hall ist?«

»Ich glaube nicht wirklich. Letztlich versprüht der neue Geschäftsführer da nur nichtssagenden Weihrauch im Treppenhaus und alle hören andächtig zu. Am Ende müssen wir gemeinsam das neue Motto ausrufen: Jeder Vertrag zählt!«

»Gott, Lars, wie peinlich. Das erscheint mir eher wie ein Turnhallenmeeting.«

Ich lachte laut.

»Turnhalle statt Town Hall, wie geil. Schatz, du bist kreativ, du solltest auch ins Marketing kommen.«

»Besser nicht. Es reicht, wenn einer von uns am Rad dreht.«

2014 war für Simon und mich ein sehr einschneidendes Jahr. Direkt zu Jahresbeginn wurde Simon schwer krank. Diagnose: Burn-out. Er war in den vergangenen Monaten im Dauerstress, war heiß gelaufen, hatte nicht auf seinen Körper gehört und kam zum völligen Stillstand. Er war unter der Woche in Amsterdam, versucht neue Kräfte zu sammeln. Ich sagte alle Termine ab, meine Arbeit rückte völlig in den Hintergrund. Im Augenblick zählte nur, dass ich an den Wochenenden für meinen Partner da war und ihm regelmäßig abends in stundenlangen Telefonaten ein offenes Ohr schenkte und ihm Zuversicht gab. Gesellschaftlich ist Burn-out immer noch nicht anerkannt, es gilt als Schwäche, der Mensch als Weichei, der seinen Job nicht im Griff hat. Die üblichen unfairen und demontierenden Vorurteile. Welche Leistungen der Betroffene vorher vollbracht hat, wird ab diesem Zeitpunkt völlig ausgeblendet. Die Monate flogen dahin, im Frühjahr verbrachten wir einen traumhaften Urlaub auf Bali, wo Simon Kraft schöpfen konnte, um in die Firma zurückzukehren. Er stürzte sich in den Job und erkämpfte sein Revier zurück. Und ich war einfach für ihn da.

Noch im Urlaub erhielt Simon die Information, dass seine Mutter ins Krankenhaus eingeliefert worden war. In letzter Sekunde erschien Simon an ihrem Krankenbett, wo er gemeinsam mit seinem Vater und seinem Bruder Abschied nehmen konnte. Das Begräbnis und die darauffolgenden Wochen liefen vor unseren Augen wie ein Film ab.

Trotz der schweren Monate stand die Überlegung an, ob Simon beruflich nach London gehen sollte. Gemeinsam überlegten wir, ob nicht auch für mich ein Stellenwechsel eine gute Option wäre. Ich sprach in der Bank offen mit einem der Geschäftsführer darüber, der mich unterstützte und an die Personalchefin nach London vermittelte. Ich sollte aber im Marketing hierzu nichts sagen.

Schon eine Woche später fand ich mich zum Personalgespräch bei den Kollegen in London ein. Das Treffen war britisch höflich, jedoch fanden die beiden Damen aus den Abteilungen Personal und Marketing schnell heraus, dass ich aufgrund der bisherigen Projekte nicht qualifiziert war. Die Kollegen in Großbritannien arbeiteten im Marketing wesentlich professioneller und waren mit deutlich mehr Know-how aufgestellt, weil sie in den vergangenen Jahren viel Geld in die Hand genommen hatten, um den Bereich aufzubauen. Da konnte ich mit meiner Erfahrung in völlig unzeitgemäßen Projekten natürlich nicht mithalten.

Beruflich war 2014 mein schlimmstes Jahr. Es kam zu einem Wechsel in der Geschäftsleitung, die komplett ohne Plan agierte. Das Thema des Jahres war nun für die gesamte Bank: Digital. Die Firma wollte sich aufstellen für die digitale Welt. Doch wie sollte das funktionieren – ohne Ressourcen, ohne das erforderliche Engagement und die Zusicherung der anderen Fachabteilungen und ohne das notwendige Know-how? Das machte in meinen Augen alles keinen Sinn, die vorgesehenen Projekte waren auf diese Weise nicht realisierbar. Die Heißdüse gab mir nur einige weise Ratschläge.

»Mach das Projekt mal unter dem Radar. Wir müssen hier politisch vorsichtig sein.«

Zu Deutsch: Ich sollte mit dem Projekt beginnen ohne einen offiziellen Auftrag durch die anderen Direktoren und ohne die Unterstützung der Projektleitung.

Ein Projekt in diesem Haus zu realisieren, war ein zum

Scheitern verurteiltes Unterfangen, niemand war bereit, sich zu verändern oder einen Kurswechsel durchzuführen. Es fehlte die Unterstützung der anderen Führungskräfte und einer Geschäftsleitung, die mit dem richtigen Maß in die Zukunft blickte. Ziele und von der Geschäftsleitung kommunizierte Strategien gab es ebenso wenig wie eine Vision, an der sich alle Mitarbeiter hätten orientieren können. All diese essenziellen Themen wurden vielmehr von unten nach oben eingefordert; eine unsinnige Vorgehensweise, denn so konnte *Bottom-up* jeder Unternehmensbereich seine eigene kleine Wunschwelt visionieren. Die Direktoren verstanden nicht, dass es sich hier um einen umfassenden Prozess des *Change Managements* handelte. Ein halbherziges Anstoßen ohne intensive und regelmäßige Kommunikation durch die Geschäftsleitung würde rein gar nichts bewirken. Im Gegenteil, dieses Vorgehen sorgte sogar für noch mehr Unmut und Demotivation unter den Kollegen.

Zeitgleich endete Simons Zeit in Amsterdam, und wir zogen zurück nach Köln. Wir waren auf Wohnungssuche und lebten übergangsweise gemeinsam in meiner kleinen »Werkswohnung«. Die Wohnung an der Prinsengracht in Amsterdam wurde aufgelöst, unser Hab und Gut übergangsweise in einhundertsechsundvierzig Kartons eingelagert. Wir reduzierten uns auf fünfundvierzig Quadratmetern ganz spartanisch. Eine totale Zurückführung auf das Minimum, aber auch eine Zeit, die uns weiter zusammenschweißte. Wir befanden uns in einer Phase des Umbruchs, die uns wenig Zeit zum Nachdenken ließ. Der nächste Schicksalsschlag stand uns schon bevor.

Simons Vater überwand den Verlust seiner Frau nicht und folgte ihr mit gebrochenem Herzen ein halbes Jahr später. Der gleiche Film wie im Sommer lief vor unseren Augen ab.

Nur dieses Mal mit Bodenfrost und Schneeregen. Für Simon war dies eine unfassbar bittere Zeit des Schmerzes, die nicht in Worte zu fassen ist. Er hatte innerhalb von zwölf Monaten eine berufliche Krise und den Verlust seiner Eltern zu verarbeiten. Ich war als fassungsloser Beobachter an diesem surrealen Geschehen beteiligt und versuchte, wann immer möglich, ihm Kraft zu geben.

Ich erkannte, dass es wichtigere Dinge im Leben gab als den Job. Vor allem, dass unser Leben endlich ist. Wir hatten nur dieses eine, und das konnte und wollte ich nicht länger in diesem Saftladen verbringen. Zu viel war in den letzten Monaten geschehen. Wir hatten das pralle Leben erlebt, mit allen Höhen und besonders den Tiefen und Schicksalsschlägen. Ich wollte meine Zeit nicht länger mit sinnfreier Arbeit verschwenden. Aber ich verdiente doch so viel Geld. Was sollte ich nur tun? Immer wieder quälten mich Gewissensbisse und Selbstzweifel. Warum handelte ich nicht endlich? Ich fand keine Antwort auf meine Fragen, stattdessen betäubte ich mich weiter mit Ibuprofen und Alkohol in rauen Mengen.

Das Jahr war endlich zu Ende. Gemeinsam mit unseren Freunden Jan und Marco, die uns in dieser Zeit viel Zuspruch und Trost gaben, feierten wir den Jahreswechsel hoch über den Dächern Kölns im Kranhaus. Wie zu jedem Silvester setzten wir uns Papphütchen auf, ließen das vergangene Jahr Revue passieren und überlegten, was die Zukunft wohl bringen möge.

Aus der vierzehnten Etage hatten wir einen wunderschönen und klaren Blick auf Köln. Dieses Jahr war geschafft, jedes Jahr war zu schaffen. Wir standen um Mitternacht mit einem Glas Champagner auf dem Balkon und betrachteten mit Tränen in den Augen unsere schöne Stadt, den Dom, den

Rhein und die unzähligen Feuerwerke. Simon und ich waren froh, dass wir uns hatten. Wir waren gemeinsam durch eine harte Zeit gegangen, jetzt konnte es nur besser werden.

Im Januar 2015 bezogen wir unsere neue Wohnung. Privat lief es richtig gut, zwar war es alles in allem eine sehr hektische, aber eben auch eine sehr schöne Zeit. Im Oktober heirateten Simon und ich feierlich im Kreise von Familie und Freunden. Ich hatte den Tag bis ins kleinste Detail persönlich geplant – endlich wartete mal wieder eine Aufgabe auf mich, wenn ich morgens ins Büro kam!

Beruflich ging es bei mir rasant abwärts. Zurück im Büro nahm ich noch die stürmischen Umarmungen und Gratulationen meiner Kolleginnen entgegen. Meine Vorgesetzten bemühten sich, die Etikette zu wahren und gratulierten mir ebenfalls, wenn auch sehr distanziert. Auch die Tatsache, dass ich den Namen meines Mannes angenommen hatte, stieß auf Unverständnis, vor allem in der EDV. Dass mein Name in sämtlichen Systemen von Kutnow auf Guldenbach umgestellt werden musste, empfand ich als meine kleine persönliche Rache an der unfähigen EDV-Abteilung. Die Mitarbeiter brauchten einen ganzen Monat dafür.

Die Belegschaft der Bank war total überaltert, und es wurde auch kein neues Personal eingestellt. Auf der Weihnachtsfeier kam ich mir vor wie auf Tante Hildes siebzigstem Geburtstag. Ich beobachtete die total skurrile Feier, an der die Kollegen emotionslos oder übertrieben begeistert teilnahmen. Beides fand ich sehr befremdlich. Ich fühlte mich hier sehr unwohl.

In der Bank fehlte es an jungen und inspirierenden Menschen, die Ideen und technische Umsetzungslösungen mitbrachten. Das Unternehmen beschäftigte in fünfundzwanzig Jahren eine einzige Auszubildende. Stattdessen wurden aufgrund des Einstellungsstopps Praktikanten eingestellt. Selbst das war für manchen noch ein Grund zur Freude. So zum Beispiel für die Heißdüse, der von einer Praktikantin ganz besonders begeistert war.

»Die hat EU-Erfahrung, war schon mal im Europaparlament. Die kann dann für uns die Rechtstexte machen.«

»Erik, das ist Aufgabe der Rechtsabteilung. Wir können denen schlecht Texte vorgeben.«

»Doch, denn du siehst selbst, was von der Rechtsabteilung an Input kommt.«

»Ja, außer Bedenken kommt da nichts.«

»Richtig, und deshalb müssen wir es vorantreiben.«

Ich fühlte mich wie gelähmt durch die unfähigen und unkooperativen Kollegen, aber das schien niemand zu bemerken. Nach außen hin tat ich so, als würde ich arbeiten, tatsächlich ging es mir nur noch darum, irgendwie die Zeit totzuschlagen. Ich schob Akten und Klarsichthüllen hin und her, spitzte die ohnehin spitzen Bleistifte, ging weiterhin ständig zur Toilette oder eine rauchen. Ich verbrachte meine Tage damit, die quälend langen Stunden bis zum erlösenden Feierabend zu zählen. Ich hatte Angst.

Kam einer der Chefs an meinem Arbeitsplatz vorbei, öffnete ich wahllos eine EMail und drückte auf den Antwort-Button. Ich tippte dann immer ganz eifrig auf der Tastatur herum, um wichtig und vertieft auszusehen. War ich wieder allein, ging ich auf »Abbrechen«. Alternativ hielt ich mir den Telefonhörer ans Ohr und signalisierte meinen Chefs, ich wäre in einer Telefonkonferenz oder in einem längeren Telefonat. Gleichzeitig spürte ich genau, dass ich dieses ständige »So-tun-als-ob« meiner Gesundheit nicht mehr lange würde zumuten können. Immer wieder googelte ich im Internet nach »Langeweile im Büro«, entdeckte unzählige Blogs und Artikel zu diesem Thema und las zum ersten Mal von Menschen, die an Bore-out erkrankt waren. Endlich hatte ich einen Namen für das, was mich quälte. Ich bekam richtiges Herzklopfen, als ich über die Symptome las. Und je intensiver ich mich informierte, desto mehr fand ich mich in den Beschreibungen wieder. Wahnsinn, ich konnte kaum glauben, was ich da las. Genau das gleiche Verhalten legte auch ich an den Tag. Bore-out bekommt man nicht von einem Tag auf den anderen, vielmehr ist es ein schleichender Prozess, der Jahre andauern kann: Anfangs nimmt man die Veränderungen gar nicht wahr, irgendwann entwickelt man eine Verhaltensstrategie und am Ende zerbricht man. Ich machte Online-Tests, die immer wieder bestätigten, dass ich unter Bore-out litt und auf bestem Wege in eine folgenschwere Depression war.

Abends berichtete ich Simon von meiner Recherche und meiner Befürchtung, ernsthaft erkrankt zu sein. Ich beschrieb ihm endlich ausführlich meine aktuelle ausweglose Situation, das Desinteresse der Vorgesetzten und die in meinen Augen nutzlose und unbefriedigende Tätigkeit. Simon hörte schweigend zu und schaute mich betroffen an. Er riet mir, mit Erik zu sprechen, wovor ich jedoch große Angst hatte. Er ermutigte mich dennoch zu diesem Gespräch, denn nur dann könnte Erik mir helfen.

In einem der folgenden Jour fixes nahm ich mir ein Herz und erzählte Erik von all den Dingen, die mich schon so lange quälten. Ich kehrte mein Innerstes nach außen.

»Hm.«

Erik schaute mich wie so oft nur stumm an und widmete sich dann wieder den Besprechungspunkten. Das war seine einzige Reaktion. Ich war völlig fassungslos.

Das Jahr war zu Ende, auch dieses Silvester verbrachten wir wieder gemeinsam mit Jan und Marco im Kranhaus. Dieses Jahr war es extrem neblig, im Schein des Feuerwerks waren vom Balkon aus nur die Umrisse von Rhein und Dom erkennbar. Nach Mitternacht bildete der Nebel eine regelrechte Wand, die jedes Geräusch dämpfte. Ich blickte ins Nichts.

Zu Jahresbeginn 2016 verbrachten wir ein Wellness-Wochenende in Schalkenmehren in der Eifel. Tage zuvor hatte Simon einen Fahrradunfall, wobei er sich seine linke Schulter ausgekugelt hatte. Er musste operiert werden und überlegte, unseren Eifelurlaub abzusagen. Aus einem Grund, den ich nicht näher benennen kann, wollte ich aber unbedingt, dass er mit mir dorthin fährt. Ich bat ihn inständig darum, nicht abzusagen, und er ließ sich letztlich von mir überreden. Zum Glück, denn so war er an meiner Seite, als ich in Schalkenmehren schließlich einen Nervenzusammenbruch erlitt.

Das Fass zum Überlaufen brachte Heike, Simons Trauzeugin, die uns in der Eifel besuchte. Sie machte einen ziemlich nervösen Eindruck. Seit sich ihr Stiefsohn nach unserer Hochzeit gegenüber seinem Vater geoutet hatte, war der Kontakt zwischen Vater und Sohn abgebrochen, auch das Verhältnis zwischen Simon und Heike war sehr angespannt. Mit vorwurfsvoller Stimme erzählte sie uns, wie wütend ihr Mann darüber sei, dass er erst erfahren habe, dass sein Sohn schwul ist, nachdem wir alle längst Bescheid wussten. Wut kroch in mir hoch. Lautstark teilte ich ihr meine Meinung zu diesem Thema mit. Ich redete mich so in Rage, bis ich irgendwann nur noch schrie. Die Gespräche der anderen Gäste verstummten, alle Blicke waren auf uns gerichtet. Mir war das egal. Zu lange hatte ich geschwiegen. Bei mir hatte sich so viel angestaut, dass ich nicht länger den Mund halten konnte. Ich hatte endgültig genug. Meine Verzweiflung war mittlerweile so groß, dass ich über Selbstmord nachdachte. Ich sah keinen Sinn mehr darin, mich Tag für Tag aus dem Bett zu quälen, um dann die langen Stunden im Büro irgendwie hinter mich zu bringen. Das war doch kein Leben! Das alles schrie ich im Restaurant aus mir heraus. Ich flehte Simon an, mir zu helfen, machte ihm klar, dass ich nur mit seiner Unterstützung einen Ausweg aus dieser Situation für mich sah. Simon war während meines Ausbruchs ganz ruhig geblieben. Jetzt nahm er meine Hand und drückte sie.

»Ich helfe dir, zusammen schaffen wir das.«

Heike gab sich weiterfahren.

»Du brauchst einen Coach, du bist derjenige, dem die richtige Einstellung fehlt! Schuld sind nicht die anderen, es liegt einzig und alleine an dir!«

Nach meinem Zusammenbruch nutzten wir die restliche Zeit in Schalkenmehren, um längst überfällige Gespräche zu führen. Im Laufe des Wochenendes realisierte ich endlich, dass ich krank war. Ich verschloss nicht länger die Augen vor den Tatsachen und ließ zum ersten Mal den Gedanken zu, tatsächlich an Bore-out erkrankt zu sein. Die Jahre der Langeweile hatten ihren Tribut gezollt, mein Körper streikte, ich war nur noch eine ausgelaugte Hülle meiner selbst, ausgezehrt und inhaltslos. Einerseits erleichterte mich diese Erkenntnis. Doch andererseits war da eine tiefe Verzweiflung: Wie sollte ich es jemals schaffen, all diese negativen Gefühle zu überwinden? Ich stellte mir die Sinnfrage und dachte ernsthaft über Suizid nach.

Zurück in Köln meldete ich mich im Büro telefonisch krank. Mona lachte und frozzelte.

»Was ist los? Hast du keine Lust?«

Ich antwortete einsilbig.

»Ich gehe jetzt erst mal zum Arzt!«

Kurz darauf saß ich bei Frau Dr. Vollmer. Ich schilderte ihr traurig den aktuellen Sachverhalt und bat sie um Hilfe. Frau Dr. Vollmers Worte brannten sich in mein Gedächtnis ein. »Herr Guldenbach, Sie grübeln zu viel! Sie sind für diese Welt nicht doof genug!«

Ihr war wichtig, dass ich nicht von Depression, Burn-out oder Bore-out sprach. Vielmehr schien Frau Dr. Vollmer davon überzeugt, dass ich an einem viralen Infekt erkrankt sei. Sie schien geradezu erleichtert, als einige Tage später Entzündungswerte in meinem Blut nachgewiesen wurden.

»Jetzt ist ein Infekt aktenkundig und Sie sind auf der sicheren Seite.«

Ich verstand nicht, warum sie so auf diesen Infekt fixiert war. Heute weiß ich, dass sie mich vor der Gesellschaft schützen wollte. Es war ihr wichtig, dass sich die Diagnose nicht nachteilig auf meine berufliche und finanzielle Zukunft auswirkt. Sie schrieb mich insgesamt sechs Wochen krank. Auf der Arztrechnung einige Tage später erhielt ich die eigentliche Diagnose: mittelschwere Depression.

Die Bank informierte ich mittels einer kurzen EMail, dass ich krank sei. Meiner Schwester Nina erklärte ich am Telefon, wie es um meine Gesundheit stand und dass ich die Reißleine gezogen hatte. Richtig verstanden wurde ich von ihr aber nicht.

In der Folgezeit suchte ich immer wieder Frau Dr. Vollmer auf, um mit ihr über meine Gedanken und das weitere Vorgehen zu sprechen. Sie bescheinigte mir eine gute und strukturierte Herangehensweise und ermunterte mich, meinen Weg zurück in den Alltag zu finden. Ich war total verwirrt und blickte sie nachdenklich an.

»Wissen Sie, mein Direktor sagt immer, reiß dich zusammen, wir sind hier nicht auf dem Ponyhof. Was soll ich in so einer Situation antworten?«

»Wenn Sie nicht auf dem Ponyhof sind, dann sollen sich die Vorgesetzten auch nicht verhalten wie Ponydirektoren.«

Meine Osteopathin entlastete regelmäßig meine Schulter und meinen Rücken. Ina Carst war über die Jahre für mich fast zu einem persönlichen Coach geworden. Während der osteopathischen Behandlung hatte sie immer ein offenes Ohr, war eine gute Zuhörerin, Ideenquelle und Beraterin. Die Stunde der Entspannung war stets ein Lichtblick für mich.

»Ich löse Ihnen jetzt die Faszien.«

Diesen Satz liebte ich, denn es tat mir unendlich gut.

»Die Faszien sind der Spiegel Ihrer Seele.«

Ina Carst befreite mein verklebtes Bindegewebe sowie die verhärteten Faszien und löste auf diese Weise nicht nur oberflächliche Verspannungen, sondern vielmehr meine tiefsitzenden Traumata.

»Aua!«

»Ja, ich weiß. Das tut jetzt ein bisschen weh, aber danach wird es Ihnen wieder besser gehen.« Wie recht sie hatte!

Parallel suchte ich einen Urologen zur Vorsorgeuntersuchung auf. Er vermutete zu niedrige Testosteronwerte. Während wir miteinander sprachen, kamen mir – wie inzwischen ständig – die Tränen. Ich schilderte ihm die letzten Monate und dass ich einen Zusammenhang zwischen der Situation im Büro und meinen diversen körperlichen Symptomen vermutete. Das Blutergebnis bestätigte meinen viel zu niedrigen Testosteronspiegel, und der Urologe empfahl eine zwölfmonatige Therapie mit Depotspritzen.

Meine Schmerzen waren unerträglich. Nach wie vor plagten mich starke Stiche in der Brust, mittlerweile wanderte der Schmerz in die rechte Schulter, die ich kaum noch bewegen konnte. Mein Rücken und die rechte Achsel schmerzten ununterbrochen. Ich fühlte mich benommen, richtig krank. Wie bei einer Influenza, wenn einem jeder Schritt zu viel ist. Und immer wieder musste ich weinen, heulte teilweise stundenlang, bis ich auf der Couch vor Erschöpfung einschlief. Es fühlte sich für mich an wie Liebeskummer, ein Trennungsschmerz gepaart mit der Ungewissheit, was kommen wird. Nachts schlief ich zwar – dank Medikamenten und Alkohol – durch, irgendwann konnte ich aber aufgrund der Schulterschmerzen nicht mehr richtig liegen. Gegen Ende der sechswöchigen Krankschreibung gingen diese Schmerzen endlich etwas zurück und wurden langsam erträglicher.

Selten kam ich ohne Tabletten aus, Ibuprofen in allen möglichen Dosen war zu meinem ständigen Begleiter geworden. Morgens zum Frühstück, zur Nacht, immer wenn die Schmerzen ein unerträgliches Brennen und Stechen verursachten. Meine Osteopathin half mir mit Traumeelspritzen und einer kraniosakralen Behandlung. Hierzu setzte sie sich hinter mich und behandelte meinen Schädel mit sanften Manipulationen. Stets fiel ich in eine tiefe Entspannung, während sie versuchte, meine Blockaden zu lösen.

Vom Orthopäden bekam ich stärkere Medikamente. Dazu nahm ich Aspirin und Bullrichsalz gegen den Kater. Und den hatte ich regelmäßig. Denn Alkohol floss reichlich. Abends gab ich mir mit Rotwein die Kante, auf den ständig stattfindenden Veranstaltungen wie Geburtstagen und Karnevalsfeiern trank ich Dutzende von Kölsch, um mich und meine Qualen zu betäuben. Danach waren die Schmerzen noch stärker, sodass ich wieder zu Ibuprofen 600 griff. Ein Teufelskreis!

Ständig war ich in meinen Gefühlen und Gedanken gefangen, die mich verunsicherten und Gewissensbisse verursachten.

Habe ich den Mut für eine Veränderung?

- Käme ich mit den Folgen klar, die eine Veränderung mit sich bringen würde?
- Werde ich meinen Weg finden?

Ich dachte intensiv über meine Stellung in der Bank nach. Hörte in mich hinein: Welche Gefühle weckte das in mir? Immer wieder waren es Angst vor der Zukunft, Zweifel, das Richtige getan zu haben und Scham. Wie würden meine Chefs und Kollegen reagieren? Ja, ich vermisste einige Kolleginnen, mit denen ich jetzt nicht reden oder mich im Kaffeeraum treffen konnte. An die Projekte selbst verschwendete ich keinen Gedanken. Immer wieder sinnierte ich wie betäubt über die sinnlosen Aufträge in der Bank, die von oben nach unten delegiert wurden und die mich derart mürbe gemacht hatten. Niemand hatte sich je die Zeit genommen, über den Sinn und Unsinn der Projekte nachzudenken. Niemand hatte je einen Gedanken daran verschwendet, ob die Projekte in der Bank überhaupt noch zeitgemäß und wettbewerbsfähig sind, ob sie von den Kunden gewünscht oder lediglich Liebhabereien der Vorgesetzten waren. Mir hallten die Stimmen meines Chefs im Kopf.

»Dann kann es auch die komplizierte Projektabteilung.«
»Mach es heimlich unter dem Radar.«
»Wir machen es anders.«
»Es ist dein Baby.«

Ich dachte über Höhen und Tiefen nach, über meine Fehler und Erfolge der letzten Jahre. Was sollte ich bei meiner Rückkehr im Büro sagen? Immer wieder kam ich zu dem Ergebnis, dass mir neben Briefings und Unterstützung bei den Projekten das Feedback meiner Vorgesetzten sowie der Rückhalt der Direktoren in der Bank fehlten. Alles wurde auf meinen schmerzenden Schultern ausgetragen, ohne Strategie und ohne Plan. Immer wieder fragte ich mich nach dem Warum. Warum half mir niemand? Warum erkannte keiner meine brenzlige Situation und die Sinnlosigkeit der Projekte? Ich verstand die schnellen und hektischen Anweisungen meines Chefs nicht, seine Botschaften erreichten mich schon lange nicht mehr. Wenn er mit mir sprach, drückte ich mich immer möglichst tief in meinen Sessel hinein, machte mich so klein wie möglich und spürte, wie meine Brustschmerzen zunahmen. Kaum war er weg, zückte ich mein Handy und spielte Candy Crush.

Das Klingeln des Telefons riss mich aus meinen trüben Gedanken. Ein Headhunter. Er suchte einen Marketingleiter in Frankfurt für ein Jahressalär von 140.000 Euro und war sehr stark an mir interessiert.

Nein, lasst mich in Ruhe. Ich will nicht noch mehr Geld, ich will einfach nur eine sinnvolle und sinnstiftende Tätigkeit.

Immer wieder kehrten meine Gedanken zurück zum Büro und an die sinnlose Arbeit. Ich hatte verlernt, die mir übertragenen Aufgaben zu erledigen. Ich verstand meine Vorgesetzten nicht, hatte in einer katastrophalen Hierarchie fünf Chefs über mir. Überhaupt verfügte das Unternehmen über den Luxus von fünfundfünfzig Prozent an Führungskräften. Ich fühlte mich ständig müde und konnte keinen sinnvollen Gedanken mehr fassen. Auch jetzt fiel mir das sehr schwer, mühsam bewältigte ich meinen Alltag. Überall in der Wohnung lagen Post-its und Zettel herum, ich konnte mir sonst nichts merken. Mein Bore-out hatte mich voll im Griff. Ich konnte den »Nicht-Stress« im Büro nicht verdrängen.

Es fehlten Konzepte und eine strukturierte Herangehensweise als Team. Ich alleine konnte nicht innerhalb weniger Wochen Prozesse anschieben, die fünfundzwanzig Jahre lang verbockt oder fehlgesteuert worden waren. Genauso

wenig war es möglich, nach acht Jahren im Dornröschen-
schlaf plötzlich Aufgaben zu verrichten, bei denen ich mich
nicht wohl oder sicher fühlte. Das musste ich erst wieder
lernen. Mein Vorschlag an meine Chefs würde daher sein,
gemeinsam als Team die Dinge zu erarbeiten, am besten in
einem zweitägigen Workshop außerhalb der Bank.

Die Warterei machte mich verrückt. Meine Gedanken kreis-
ten um die immer gleichen Dinge, nichts hatte einen Sinn
für mich, alles nervte mich nur noch. Ich konnte auch den
immer wiederkehrenden Mist im Radio nicht mehr hören,
wechselte täglich mehrfach die Musiksender, um mich zu
beruhigen. Zu dieser Zeit lief aber auch ein Lied im Radio
rauf und runter, das mein ganz persönlicher Song wurde.
»Hör auf die Stimme«. Der Text war so passend: *Eine Reise
ohne Navi, ich muss entscheiden, keiner nimmt es mir ab!*

Ich spielte mit dem Gedanken, mich beruflich zu verändern,
hatte schon immer Spaß an Hotel und Gastronomie. Jetzt
wollte ich mir diesen Bereich einmal näher ansehen. Ich telefonierte mit der Personaldirektorin eines Kölner Luxushotels
und vereinbarte einen Gesprächstermin.

Wir führten das Gespräch in einem gemütlichen Raum mit
Domblick und unterhielten uns über das Hotel, über Wei-
terbildung und Quereinstieg. Das Problem war das Gehalt.
　»Gehälter, wie die Automobilindustrie sie bezahlt, gibt es
in keinem anderen Bereich. Sie können im Hotel mit maximal
der Hälfte Ihres aktuellen Jahresgehaltes kalkulieren.«
　Meine Enttäuschung war offensichtlich.
　Dennoch vermittelte die Personaldirektorin ein Vorstel-
lungsgespräch als Eventmanager mit dem Leiter Food &
Beverage. Der Typ war ein sehr gutaussehender junger
Mann, und er bot mir direkt an, bei ihm anzufangen. Sein

Gehaltsangebot lag jedoch gerade einmal bei einem Drittel von dem, was ich aktuell verdiente. Ich fragte ihn, wie man solche Gehälter sowohl anbieten als auch annehmen konnte.

»Ich glaube, weil wir in dieser Branche einfach alle positiv verrückt sind.«

Na dann, dachte ich mir, *enjoy!* Ich trank gemütlich meinen Earl Grey im Blauen Salon, lauschte der Pianomusik und schob mir die zweite Praline in den Mund. Die Rolle als Gast scheint mir die einzige zu sein, die ich in diesem Hotel jemals einnehmen werde.

Regelmäßig gönnte ich mir weiterhin die Streicheleinheiten, die ich für meinen lädierten Körper und meine Seele so dringend brauchte und genoss jede Woche eine zweistündige Thaimassage. Vorher joggte ich große Runden im Park durch die winterliche Natur und gönnte mir zum Frühstück Müsli mit frischem Obst. Während ich mich tagsüber um Simon kümmerte, der frisch an der Schulter operiert worden war, ging ich abends regelmäßig zu Karnevals- und Geburtstagspartys. Diese Termine waren schon lange im Kalender vorgemerkt und so für mich eine willkommene Abwechslung. Allerdings nahm ich sie eher betäubt und teilnahmslos wahr.

In dieser Zeit zehrte ich ganz besonders von den schönen gemeinsamen Urlauben, blätterte oft in unseren Reiseberichten und Fotobüchern, um hieraus Kraft und Freude zu schöpfen. Tagsüber schlief ich sehr viel und verspürte häufig den Wunsch, mich aus allem zurückzuziehen. Ich genoss die Zweisamkeit mit Simon, kochte uns leckere Abendessen oder wir spazierten gemeinsam zu einem Restaurant.

Sehr geholfen haben mir in der schwierigen Zeit meine Treffen mit einer Psychotherapeutin. Ich mochte Frau Barney auf Anhieb. Mit ihrer Hilfe kam ich relativ schnell zu ersten Ergebnissen: Ich musste wieder etwas Sinnstiftendes im Leben finden, wieder selbstwirksam werden. Ich sollte lernen, meine Herausforderungen anzunehmen und versuchen, mich meinen Problemen in der Bank zu stellen.

Tagelang war ich damit beschäftigt, Fragebögen der Psychologin auszufüllen und zu ergänzen. Nachdem ich endlich alles beantwortet hatte, fühlte ich mich wie ausgewrungen. Es zog mich total runter, über die Fragen nachzudenken, immer wieder weinte ich über scheinbar belanglose Momente. Im Fernsehen lief ein Bericht über ein Kreuzfahrtschiff. Zu sehen, wie herzlich das Personal miteinander und mit den Gästen umging, ließ mich heulen wie ein Schlosshund.

Ich schilderte Frau Barney zusammengesunken, dass ich mich mit dem Ausfüllen des Fragebogens schwer getan habe. Immer wieder war ich über die Frage nach den drei wichtigsten Sätzen meines Vaters gestolpert. Ich kannte nur den einen: »Erst mal abwarten!«

Julia Barney lächelte verständnisvoll.
»Und das tun Sie, Herr Guldenbach. Das haben Sie die ganzen Jahre über getan. Und genau das müssen Sie nun abstellen!«
Ich wurde noch nachdenklicher und in mir stiegen wieder die Tränen auf. Frau Barney bohrte nach.
»Was macht Ihnen Angst?«
Auf diese Frage war ich nicht vorbereitet und begann hemmungslos zu weinen. Ich war überrascht, dass sie mein Gefühl als Angst erkannte. Die Situation überforderte mich, ich wusste einfach nicht, wie es weitergehen sollte. Genau das machte mir Angst. Ganz konkret beschäftigten mich folgende Fragen:

- Wie sollte ich auf die ständigen WhatsApp-Nachrichten meiner Kollegen reagieren? Darauf konnte und wollte ich nicht antworten. War das okay? Meine Vorgesetzten hingegen hatten sich überhaupt nicht gemeldet. Ich informierte sie über das geplante Gespräch mit dem Geschäftsführer und die anstehende Testosterontherapie.
- Ich konnte und wollte in der Bank keine Arbeit abliefern, hinter der ich nicht stand; ich ärgerte mich über inkompetentes Verhalten, fehlende Führung und fehlende Ziele. Seit Monaten wurden die Mitarbeiter alleine gelassen.

Frau Barney gab mir entscheidende Hinweise, die ich fleißig notierte. Ich sollte vermeiden zu signalisieren, dass ich keine Lust hätte, denn ich wollte ja arbeiten. Was mir fehlte, waren Themen mit Relevanz.

»Herr Guldenbach, Ihnen fehlt der Spiegel. Sie werden mit Ihren Wünschen nicht verstanden. In der Bank herrscht Isolationskultur, daher haben Sie keine Orientierung.«

Ich müsse meinen Chefs deutlich machen, warum ich die Situation so lange ertragen hatte und aufzeigen, wie wenig Unterstützung ich bei der Erstellung der Konzepte und Anforderungen erhalten hatte. Ich solle ihnen das Gefühl der Isolation beschreiben und mitteilen, dass ich aufgrund der fehlenden Sinnhaftigkeit gerne den Bereich wechseln würde.

In der Zwischenzeit sollte ich meine Tätigkeit als Herausforderung annehmen. Ich müsse meine Position stärken und die Erfahrung des Durchbeißens machen. Frau Barney riet mir, die Arbeit im Marketing für mich als Training zu nutzen.

»Sehen Sie das als einen strategischen Schachzug an. Und sprechen Sie nicht von Bore-out, das stigmatisiert zu sehr. Reden Sie lediglich, wie Frau Dr. Vollmer diagnostizierte, von einem viralen Infekt und einer Schwächephase. Sie müssen sich in eine Position bringen, in der Sie mehr Chancen auf Veränderung in Ihrem Sinne haben!«

Ich hatte erst spät erkannt, wie belastend die Gesamtsituation und die Arbeit bei der Bank für mich waren, doch jetzt musste ich mich diesen Dingen stellen. Ich würde meine Aufgaben bewältigen und Verantwortung übernehmen, wünschte aber eine dauerhafte Veränderung der Position. Gemeinsam erarbeiteten wir die beiden folgenden Schritte: eine EMail an meinen Direktor mit Vorschlag für ein Treffen unter vier Augen sowie nach meiner Rückkehr ins Büro ein Gespräch mit dem neuen Direktor bezüglich der neuen Stelle innerhalb der Bank, auf die ich mich bewerben wollte. Erleichtert und mit einem Ziel vor Augen ging ich nach jeder Stunde bei Frau Barney dankbar nach Hause. Ich grübelte weiterhin viel, hatte inzwischen verstanden, dass ich Fehler machen durfte – und diese auch machte –, ohne mich deshalb schuldig fühlen zu müssen.

Vor jedem Therapiegespräch machte Frau Barney mir einen leckeren Milchkaffee. Alleine der war schon den Besuch wert.
   »Wie geht es Ihnen?«
   Ja, scheiße geht es mir. Wie ein kleiner Junge fühle ich mich. Hilflos und unsicher.
   »Ich habe Stress, aufgrund meiner Angst zu versagen.«
   Frau Barney nickte.
   »Ich habe Existenzangst.«
   »Sie sind wachsamer geworden in einer unklaren Situation.«
   »Noch immer hat sich keiner gemeldet, das Warten, der Stillstand machen mich wahnsinnig.«
   »Es gibt nichts Schlimmeres als zu warten. Jeder Mensch braucht Orientierung.«

Immer wieder sprach sie von meinen nächsten strategischen Schachzügen. Anschließend begleitete sie mich eng bei der Vorbereitung auf die Gespräche mit Geschäftsführer und Direktor.

Aus psychologischer Sicht erkannte Frau Barney bei mir einen sogenannten dysfunktionalen Bewältigungsmodus. Bei meinem ersten Problem sprach sie schematherapeutisch vom sogenannten Beschützermodus: Ich war verletzt worden, fühlte mich klein und unbedeutend und betäubte mich regelmäßig mit Alkohol und Tabletten. Diese fatale Kombination aus psychosomatischer und emotionaler Störung führte dazu, dass ich für mich unangenehme Situationen unbedingt vermeiden wollte und mich zum Beispiel ablenkte, indem ich mir regelmäßig die Kante gab.

»Jeder Mensch braucht Stimulation am Tag, um sich gefordert zu fühlen.«

Lange Zeit erfuhr ich bei Taikutsu keinen Leistungsdruck, was ich nach dem Mobbing bei der KonsumBank als sehr entspannend empfand. Gerne verglich ich die beiden Jobs mit Sportarten. War ich bei der KonsumBank noch Kickboxer, so befand ich mich nun im Yogakurs. Was jedoch anfangs bequem und erholsam war, führte dauerhaft zu einem Problem, denn ich hatte ein fehlendes Selbstwirksamkeitserleben.

Mein zweites Problem war, dass ich in einer solchen Situation auf mein Schema »Erst mal abwarten!« zurückgriff, das ich von meinem Vater übernommen hatte. Ich befand mich also ständig in der Unterstimulation, und dieses Nichtgefordertwerden hatte zur Folge, dass ich mich nicht weiterentwickeln konnte. Selbstwirksamkeit heißt, einer interessanten, stimulierenden Tätigkeit nachzugehen und dafür eine gewisses Maß an Anerkennung zu erfahren. Ich war irgendwann nicht mehr dazu in der Lage, meine eigenen Fähigkeiten wertzuschätzen. Vielmehr glaubte ich, dass meine Arbeit nicht wichtig sei und war letzten Endes fest davon überzeugt, gar nicht mehr in der Lage zu sein, ein Projekt zu erfüllen.

Gleichzeitig suggerierten mir meine Vorgesetzten, dass ich meine Arbeit besonders gut erledigen würde, schließlich war ich »eine der tragenden Säulen im Marketing«. Nun erkannte ich aber, dass meine eigentlichen Fähigkeiten gar nicht genutzt worden waren. Ich litt unter der permanenten Unterstimulation, woraus sich eine tiefe Unzufriedenheit entwickelte. In letzter Konsequenz verlor ich den Kontakt zu mir selbst, ließ mich gehen, spürte meine Bedürfnisse nicht mehr und betäubte meine Gefühle und Schmerzen mit Alkohol und Tabletten. Ich befand mich im Abwartemodus.

Mir hat diese Selbstreflexion in den Sitzungen sehr geholfen. Ich verstand die Schemata, nach denen ich handelte und konnte endlich nachvollziehen, warum ich etwas machte. Aufgrund von Langeweile und Frust waren meine Fähigkeiten und meine Produktivität inzwischen total verkümmert. Und auch das tägliche Gequatsche mit meinen Kolleginnen hatte seinen Teil dazu beigetragen. Hier griffen die sogenannten strafenden Elternmodi der Schematherapie: Ich war davon überzeugt, die Situation aushalten zu müssen und hatte die Sätze »Sei froh, dass du einen Job hast.« und »Denk an die Kohle.« ebenso verinnerlicht wie den Hinweis, ich solle

»die Faust in der Tasche machen«. Diese Muster waren aufgrund meiner Erziehung tief in mir verwurzelt und wurden mir in Kombination mit meiner abwartenden Haltung zum Verhängnis.

Dank Frau Barney verstand ich nun auch endlich das Verhalten meines Partners. Simon wollte in erster Linie, dass es mir gut ging, er war mit mir sehr geduldig und hörte mir zu.

Ohne es zu wissen, verstärkte er aber durch sein Handeln mein dysfunktionales Verhalten. Das ist zwar eine wirksame Strategie für den Moment, wirkt aber langfristig problematisch und führte dazu, dass ich immer unglücklicher wurde. Nach jeder Urlaubsreise, die ich selbst inzwischen ja als betäubende Droge erkannt hatte, begann mein Leidensdruck von vorne. Ich hatte psychosomatische Probleme: Stechen in der Brust und nicht enden wollende Rückenschmerzen. Ich litt unter psychischem Leistungsdruck.

Frau Barney war ganz zufrieden, dass ich früh mit der Selbstreflexion begann und ermunterte mich dazu, in mich hineinzuhören, im Hier und Jetzt. Ich erkannte endlich, dass die Lösung für meine Probleme nicht darin bestand, jeden Abend Wein zu trinken, mich mit Ibuprofen zu betäuben oder Online-Spiele zu zocken. Dagegen musste ich anarbeiten, musste neue Erfahrungen machen und lernen, mich selbst ohne Job auszuhalten. Es war wichtig für mich zu verstehen, welches Bedürfnis hinter den jeweiligen Gefühlen steht. Bei Langeweile ist es der fehlende Stimulus. Deshalb durfte ich mich nicht länger ablenken, sondern musste mich dem Gefühl von Frust und Langeweile stellen.

In der Zeit, als ich krankgeschrieben war, machten mir mein Mann und engste Freunde, die ich nur langsam ins Vertrauen zog, Mut. Viele wohnen weit entfernt und entsprechend führte ich lange Telefonate, in denen ich meine aussichtslose Situation schilderte. Allesamt ermutigten mich, das Gespräch mit meinem Chef zu suchen, um die Arbeitsbedingungen in meinem Sinne zu verändern. Bei allen schwang allerdings die Skepsis mit, ob ich zu diesem Schritt wirklich in der Lage sei – offen gesagt hat das jedoch niemand.

Besonders meine Lieblingskolleginnen Babette und Sandra sprachen mir Mut zu. Beide kannte ich seit Jahren, ich hatte sie sogar zu unserer Hochzeit eingeladen. Babette verstand mich, riet mir zu einem Treffen mit dem Geschäftsführer und beruhigte mich, dass man mich schon nicht rauswerfen würde. Sie ist eine Frau, die mit beiden Beinen im Leben steht, ein ganz toller Mensch. An einen Satz von ihr musste ich immer wieder denken: »Du arbeitest, um zu leben und nicht umgekehrt!«

Sandra tröstete mich am Telefon:

»Du bist mir als Mensch wichtig. Ich will dich nicht verlieren. Was mit der Bank ist, ist mir drissen egal, aber ich will, dass du glücklich bist.«

Meine Trauzeugin Margot machte mir Mut. Sie bestärkte mich darin, mit Oliver Tenner, einem der Geschäftsführer der Bank, zu reden, denn er kannte mich und meine Leistungen gut aus seiner damaligen Zeit als Marketingdirektor. Ich baute darauf, dass er mich und meine Situation verstehen würde und mir helfen könnte. Gemeinsam mit Margot überlegte ich mir eine Vorgehensweise für das Telefonat mit Oliver. Ich müsste Wünsche äußern. Sollte eine Tätigkeit entsprechend meinen Fähigkeiten fordern. Zu guter Letzt sollte ich ihn darum bitten, mich bei meinem weiteren Weg zu unterstützen. Wir erstellten ein regelrechtes Skript als Hilfe für das Telefonat am kommenden Tag. Ich war so durcheinander, dass ich mir jeden Satz aufschrieb. Ich fühlte mich hilflos und hatte ständig Angst, etwas zu vergessen.

Nachdem ich all meinen Mut zusammengefasst hatte, wählte ich Olivers Nummer. Ich erwischte den Geschäftsführer auf dem Weg in seinen Winterurlaub.

»Ich bin seit dem 13. Januar krankgeschrieben.«

»Tatsächlich?! Hast du ein Burn-out, oder was?«

»Ja.«

»Das tut mir leid!«

Mithilfe der Gesprächsnotizen erklärte ihm meine Situation Punkt für Punkt. Ich versicherte ihm, dass ich grundsätzlich gerne in der Bank arbeite, allerdings eine neue Herausforderung bräuchte. Würde er den Wechsel unterstützen?

Mein Wunsch war, dass er sich für mich starkmachte und mich bei dieser Entwicklung unterstützt, denn sonst würde sich nichts ändern. Schließlich kostete ich Geld, da ist es doch nur logisch, mich effizient und sinnvoll einzusetzen.

Der Geschäftsführer hörte sich alles in Ruhe an. Ihm war nicht bewusst gewesen, dass es im Marketing so zuging. Er versprach, mit den entsprechenden Kollegen zu sprechen und sich dann bei mir zu melden. Sein Feedback ließ nicht lange auf sich warten.

Schon um 9 Uhr am nächsten Morgen rief mich Oliver von der Skipiste aus an. Er hatte mit den Marketingkollegen gesprochen und von denen eine komplett andere Version der Ereignisse gehört. Meine Leistungen hätten sich seit Monaten verschlechtert, außerdem seien meine Chefs sauer auf mich, weil ich mich nicht gemeldet habe. Ich ließe alle im Ungewissen über meinen Zustand.

Ich war verzweifelt.

»Moment mal, ich bin krank! Ich kann nicht sagen, wann es mir wieder besser gehen wird! Seit Monaten soll ich die Quadratur des Kreises erfinden. Und das kann ich nicht. Gerade deswegen bietet sich die neue Stelle zum Wechseln doch an.«

Oliver textete immer weiter. Wenn an der neuen Stelle mein Herz hinge, dann solle ich meinen Hut in den Ring werfen. Aber er würde mir gleich sagen, dass ich nicht aus der Position des Stärkeren heraus handele. Es gäbe derzeit auch niemanden, der mich protegieren würde. Ich verlor den Boden unter den Füßen.

Die Dinge seien kompliziert, erklärte mir Oliver. Schön und gut, wenn meine Ärztin vom Ponyhof und dem Ponydirektor spricht: Aber so einfach seien die Dinge eben nicht.

Der Geschäftsführer hatte sich komplett auf die andere Seite geschlagen, er spulte seine Worte herunter, genau so, wie ich es von ihm seit Jahren aus seinem Rhetorik-Repertoire kannte. Er riet mir dazu, Klarheit und Transparenz zu schaffen. Ich solle vorangehen mit einem offenen Visier.

Der Verlauf des Gesprächs hatte mich völlig aus der Bahn geworfen und machte mich sehr traurig. Wieder einmal sollte ich an allem Schuld sein.

Bestärkt durch Simon und meine Psychologin bereitete ich mich auf das Gespräch mit meinem Direktor Eberhard vor. Denn noch immer glaubte ich an ein gutes Ende, worin ich auch von allen Seiten bestärkt wurde. Wieder nahm ich mir die Zeit, all das, was mir für das Gespräch wichtig erschien, aufzuschreiben.

Über zwei Wochen ließ Eberhard mich zappeln, bis es endlich zu einem Treffen unter vier Augen kam. Für mich waren das unfassbar qualvolle Tage voller Ungewissheit. So wichtig war ich ihm also! Simon meinte dazu nur: »Die können mit deiner Situation nicht umgehen.«

Ich traf Eberhard zum gemeinsamen Frühstück. Ausführlich schilderte ich ihm meine Situation und versuchte verständlich zu machen, warum es nicht einfach weitergehen könne wie bisher. Seine Antwort traf mich völlig unvorbereitet und unerwartet.

»Es geht auch ohne dich. Du wirst nicht mehr gebraucht! Die anderen sind sauer auf dich, dass du dich aus der Affäre gezogen und alle im Stich gelassen hast. Der Wind ist rauer geworden, und der Druck spürbar größer. Ich glaube nicht, dass jemand in dieser Phase des Unternehmens Zeit dafür findet, sich um deine Belange zu kümmern!«

Ich war sprachlos.

Eberhard fuhr fort:

»Du fragst dich nun sicher, wie es weitergehen soll mit dir.«

Ich nickte.

»Du hast drei Optionen. Du kannst erstens zurückkehren und dich dem Problem stellen. Jedoch wird das nicht einfach, wenn du die Haltung der Kollegen dir gegenüber bedenkst.«

Ich hörte einfach nur schweigend zu.

»Zweitens eine interne Versetzung. Nur ist dies zurzeit mangels Stellen ausgeschlossen. Und du hättest aktuell auch keine Fürsprecher.«

Ich konnte nicht glauben, was ich da hörte.

»Option drei ist Exit. Man würde sich großzügig zeigen und dir den Ausstieg erleichtern.«

Bei dem Wort Exit dachte ich an die Vereinigung für humanes Sterben in der Schweiz. Mehr fiel mir dazu nicht ein. Benebelt und fassungslos lauschte ich seinen weiteren Ausführungen.

»Meine Frau zum Beispiel hat sich nach den Kindern auch verwirklicht und macht jetzt ein bisschen Charity. Dein Mann verdient doch gut, vielleicht wäre das auch für dich eine Option.«

Mit so einem Gespräch hatte ich ehrlich nicht gerechnet. Ich hörte zwar die Worte, die Eberhard zu mir sagte, begriff aber nicht wirklich, was da gerade ablief. Alles um mich herum drehte sich.

Eberhard schlug mir vor, erst einmal wieder im Marketing zu arbeiten und ihm in einigen Wochen ein Feedback zu geben. Einen letzten Kommentar konnte er sich jedoch nicht verkneifen:

»Aber, Lars, ich befürchte, dass du wieder rückfällig wirst.«

Ich war völlig niedergeschmettert. Der fehlende Rückhalt von meinen Chefs und die schlechte Beurteilung vom

Marketing ließen meine Hoffnung auf eine Besserung der Situation schnell schwinden. Wahnsinn, jetzt war ich also der Böse. Aber irgendwie war ich auch froh, dass nach all den Jahren endlich Bewegung in die Sache kam und mein Schicksal seinen Lauf nahm. Frau Barney, deren telefonische Meinung ich benötigte, beruhigte mich.

»Das ist doch alles Unsinn! Es ist ja nicht so, dass Sie sich nicht bemerkbar gemacht haben. Sie haben eine hohe Erwartung an Ihre eigene Verantwortung. Sie sind über Jahre in eine Unmotivation geraten. Die wollen Ihnen nur drohen! Lassen Sie sich nicht einschüchtern. Ich drücke Ihnen für Ihren morgigen ersten Arbeitstag die Daumen!«

Sechs Wochen später, am 25. Februar 2016, ging ich wieder arbeiten. Simon drückte mich ganz fest, als ich losfuhr. Die Fahrt ins Büro war irgendwie beklemmend.

Ich traf zunächst auf meine engsten Kolleginnen, alle umarmten und begrüßten mich, freuten sich, dass ich wieder da war.

Um kurz nach neun traf Erik ein, er begrüßte mich mit einer belanglosen Floskel, mit der ich nichts anfangen konnte. Er bat mich, um 10 Uhr zu einem Treffen mit ihm und Eberhard zu erscheinen. Ich war unglaublich nervös.

Wir saßen in der ersten Etage in einem der Sitzungsräume. Ich wurde von der Sonne geblendet, ließ mir aber nichts anmerken. Sie forderten mich auf, meinen Standpunkt darzulegen, quittierten meine Ausführungen jedoch lediglich mit Kopfschütteln.

Eberhard sprach mit einem zynischen Lächeln, gerade so, als ob er mit einem Debilen spräche.

»Lars, was willst du? Quäl uns nicht, quäl dich nicht! Sag uns die Wahrheit und lass uns nicht im Ungewissen. Was ist dein Ziel? Wir leiden auch. Du warst sechs Wochen krank und hast dich nur per EMail gemeldet. Das war schon dreist von dir!«

Auf meine Punkte wurde gar nicht eingegangen, stattdessen hagelte es offene Kritik. Ich orientierte mich an den Worten meiner Psychologin und verwies auf den viralen Infekt mit der anschließenden Schwächephase.

Eberhard schüttelte nur den Kopf.

»Eine Grippe dauert eine Woche bis zehn Tage, ich will ja nichts unterstellen – aber sechs Wochen! Mich hat das auch alles mitgenommen.«

Ich ballte meine Fäuste.

»Natürlich will ich mich der Herausforderung stellen. Und ich werde die Aufgaben auch packen. Aber ich benötige die Unterstützung des ganzen Teams und auch von euch beiden.«

Eberhard und Erik guckten mich nur dumm an. Eberhard meldete sich als erster zu Wort.

»Das bedeutet, wir müssen dich eng führen. Dazu haben wir weder die Zeit noch die Muße.«

Mir schlug blanker Hass entgegen.

»In deiner Abwesenheit hat sich einiges an Arbeit angesammelt. Wir haben dir Aufgaben zusammengestellt, Erik wird sie mit dir durchgehen.«

Ich erhielt eine Liste mit insgesamt zwanzig Aufgaben und Projektthemen, davon vierzehn versehen mit Priorität 1, die restlichen sechs mit Prio 2. Diese Aufgaben waren minutiös in einer Exceltabelle festgehalten, mit dem Vermerk, seit wann ich den Auftrag hatte und wann eine Deadline verstrichen war. Zudem fanden sich darauf Bemerkungen darüber, was ich bisher versäumt hatte und was ich zu tun hätte.

Fassungslos ließ ich die Litanei über mich ergehen. Ich war nicht dazu in der Lage, mich kritisch zu den Aufgaben zu äußern. Ich wollte nur raus aus der elenden Situation. Die folgenden zwei Monate waren für mich die schwersten und unerträglichsten meiner gesamten beruflichen Laufbahn. Jeden Tag aufs Neue litt ich Qualen im Büro.

Meine Psychologin Frau Barney war in dieser Zeit meine wichtigste Stütze. Mich faszinierte, wie einfach und klar sie meine Situation sah, und trotzdem war auch sie regelmäßig bestürzt über das, was sich in der Bank abspielte. Sie überflog meine Aufgabenliste, mit der man locker eine ganze Abteilung ein halbes Jahr lang hätte beschäftigen können.

»Arbeiten Sie weiter die Aufgaben mit Prio 1 ab! Sie bringen die Leistung für Ihr Geld und können auf diese Weise eine gute Diskussionsgrundlage für zukünftige Gespräche aufbauen.«

Im Jour fixe mit Erik wurde regelmäßig meine Aufgabenliste besprochen. Die Atmosphäre war jedes Mal eisig, und ich wurde mit Vorwürfen überhäuft. Ich wäre im Umgang mit den Deadlines nicht hartnäckig genug und hätte insgesamt viele Sachen nicht geliefert. Ohnmächtig und kraftlos ließ ich diesen Termin immer wieder über mich ergehen. Ich konnte dem nichts mehr entgegenhalten. Als ich Erik sagte, dass ich mich vorerst auf die Aufgaben mit Priorität 1 konzentrieren würde und damit schon mehr als ausgelastet sei, runzelte er nur die Stirn. Weitere Reaktionen erfolgten nicht. Er ließ mich jedoch selten aus den Augen und machte sich den ganzen Tag über Notizen. Ich fühlte mich beobachtet.

Bereits in der Folgewoche nach meiner Rückkehr suchte ich das Gespräch mit Eberhard. Hierzu hatte mir auch mein Anwalt geraten, den ich zwischenzeitlich eingeschaltet hatte. Ich merkte an, dass ich nicht das Gefühl hätte, dass irgendetwas geändert werden sollte. Vielmehr würde ich als »Schwänzer« gesehen und erhielt eine Aufgabenliste zur Strafe. Eberhard gab sich unwissend. Ich legte ihm die Liste auf den Tisch.

»Diese Aufgabenliste ist ein Witz für Blöde! Erik hat nichts dazugelernt. Und du auch nicht! Ich werde mit Aufgaben zugeschüttet, deren Priorisierung überhaupt keinen Sinn macht und die in der vorgegebenen Timeline nicht realisierbar sind.«

Ich schäumte vor Wut – zum ersten Mal in dieser gesamten Zeit.

»Nachdem ich so lange krank war, wird mir kein allmählicher Wiedereinstieg ermöglicht, sondern stattdessen werde ich auf 150 Prozent geboostet. Mir werden meine Versäumnisse vorgehalten, was noch offen ist und was bisher nicht geklappt hat. Man will sich an mir rächen, mich testen.«

Eberhard lehnte sich in seinem Stuhl zurück.

»Auch die Aussage, die anderen seien sauer auf mich. Was heißt hier sauer auf mich? Das ist ja wie im Kindergarten! Und auch deine Ansage bei unserem letzten Frühstück, ich würde nicht mehr gebraucht. Was wurde hier eigentlich in den letzten Jahren versäumt?«

Ich hatte mich richtig in Rage geredet und fuhr fort, ehe Eberhard etwas erwidern konnte.

»Ich werde jetzt die Aufgaben mit Prio 1 erledigen, damit bin ich voll ausgelastet. Und was dein Vorschlag zu Szenario 3, dem Exit, angeht, mach mir bitte ein Angebot, aber ein vernünftiges. Alles andere kostet nur Zeit und ich lehne es eh ab.«

Eberhards Antwort ließ nicht lange auf sich warten.

»Eine gute Entscheidung, denn wir würden dir ohnehin kündigen. So wird man dir ein Angebot machen, mit dem du dir eine Existenz aufbauen kannst, beispielsweise als Selbstständiger. Du hast so gute Qualifikationen, aber hier ist der Druck hoch.«

Ich sollte ihm zwei Wochen Zeit geben, er müsse intern Rücksprache mit der Personalabteilung und der Geschäftsleitung halten.

Ich musste nicht lange warten, bis schließlich das Gespräch mit Eberhard stattfand, in dem er die Vertragsmodalitäten und die Höhe der Abfindung mit mir klärte. Schriftlich bekäme ich den Vertrag erst nach meiner Zustimmung, außerdem würde ich ein sehr gutes Zeugnis erhalten.

Von meinem Anwalt erfuhr ich, dass ich eine sogenannte Solo Position besetze und man mir theoretisch und praktisch sehr schnell kündigen könne. So wie die Sachlage sich darstellte, wäre eine betriebsbedingte Kündigung in meinem Fall ohne Weiteres möglich. Ein Sozialplan würde nicht greifen. Simon und ich waren geschockt.

»Es kann sehr schnell gehen. Gegebenenfalls kündigen die Ihnen schon Ende März. Dann wären Sie zum 30. Juni auf der Straße. Bitte verstehen Sie mich nicht falsch. Ich bin Anwalt und vertrete normalerweise die Arbeitgeberseite. Ich will nicht schwarzmalen, sondern zeige hier nur den Worst Case auf. In der Regel lässt man sich vom Aufhebungsvertrag einen Entwurf vorlegen. Meistens ist dies nur Papier, darauf schließt sich die Verhandlungsphase an.«

Der Anwalt konnte sich zu diesem Zeitpunkt noch keine genaue Meinung bilden, ging aber davon aus, dass die Bank clever wäre. Schließlich handelte es sich hier um ein großes Unternehmen. Er erzählte etwas von Sperrzeiten und auf die Abfindung draufgerechnete Beträge. Mir schwirrte der Kopf. Ich konnte keinen klaren Gedanken fassen und fühlte mich hilflos in dieser Situation. Nicht nur krank durch Bore-out, sondern bald auch ohne Existenz. Ungewissheit und Angst kehrten zurück. Ich war so froh, dass Simon bei mir war.

Der Anwalt riet mir, den Betriebsrat zu fragen, ob eine schriftliche Anhörung erfolgt wäre. Wenn nicht, hätte ich große Chancen, mich erfolgreich über das Quartal zu retten und stünde nicht bereits Ende Juni ohne Job und Gehalt da. Ich sollte noch vor meinem Urlaub den Stein ins Rollen bringen, also am 1. April, wenn quartalsmäßig nichts mehr passieren konnte. Dieses Taktieren war spannend, interessant und sehr hilfreich, aber es zermürbte mich auch. Ich wollte endlich wieder in Ruhe leben und zu mir kommen.

Am nächsten Morgen hatte ich ein Treffen mit dem Betriebsrat. Der Vorsitzende war betroffen über das, was ich ihm erzählte. Bisher hatte es keine Anhörung gegeben.

»So arschig sind die nicht.«

Das wären nur leere Drohungen, eine betriebsbedingte Kündigung wäre schlecht für das Betriebsklima und würde die Motivation der anderen zusätzlich nach unten ziehen. Außerdem würde der Betriebsrat dagegen entscheiden, weil bereits meiner Vorgängerin aus fadenscheinigen Gründen gekündigt worden war. Er empfahl auch, ich sollte im Aufhebungsvertrag meinen Ausstieg per 31. Dezember regeln. Das Gespräch machte mir zwar Mut, dennoch war die Situation in der Bank entsetzlich und zum Davonlaufen.

Wieder hagelte es Kritik und Vorwürfe im Jour fixe mit Erik wegen offener und teilweise ungelöster Aufgaben. Er nutzte jetzt jede Gelegenheit, um mich fachlich auflaufen zu lassen. Ich hatte einfach keine Kraft mehr, weder um ihm angemessen entgegenzutreten noch, um ihm gehörig den Marsch zu blasen. Ich war einfach nur verstört über diesen systemverwurzelten Menschen, der mit seiner unpersönlichen Maske stumm und stumpf Dienst nach Vorschrift machte. Ununterbrochen hagelte es Kritik, Erik wurde seiner Rolle gerecht, denn vermutlich hatte er gerade diesen Auftrag von seinen

Chefs erhalten. Ich konnte mir zwar ziemlich genau vorstellen, wie sie gemeinsam planten, mich schnellstmöglich loszuwerden, mochte eine solche Zermürbungstaktik jedoch nicht ernsthaft in Betracht ziehen. Mit Frau Barney hatte ich bis zu diesem Zeitpunkt stets daran gearbeitet, an das Gute zu glauben. Die aktuellen Geschehnisse durchlebte ich zwar, konnte aber nicht angemessen reagieren. Ich gab mich in diesem Moment lediglich Eriks Erniedrigungen hin.

Ja, komm, Heißdüse, koch mich richtig weich! Zeig mir, wie doof ich bin!

Erschüttert flüchtete ich mich in eine abstruse Traumwelt, kam mir vor wie im Film *Shades of Grey*. Ich schmolz beim Anblick des Hauptdarstellers dahin, bestellte mir den Soundtrack und das Buch zum Film. Und die Heißdüse gab alles. Seine Sätze sprudelten nur so.

»Das solltest du liefern! Das ist unvollständig! Hier fehlen die Timings! Du musst hartnäckiger sein! Das Konzept ist so nichts!«

Ich spürte bei jedem Satz gedanklich die Gerte auf meiner Haut und ließ mich mental nach allen Regeln der Kunst durchficken.

»Was ist mit dem EDV-Konzept? Warum ist das nicht erledigt? Du solltest doch einen Vorschlag machen.«

Er blickte mich funkelnd an.

Jo, genau, ich mache einen weiteren Vorschlag für die Scheiße, *macht ihn euch doch selbst.*

Ich nickte stumm wie ein Wackeldackel in Opas altem Opel.

Erik tippte mürrisch und ohne Unterlass irgendetwas in den PC und erstellte mir eine neue Aufgabenliste. Ich musste plötzlich an meine damalige Kollegin denken, die ich vor Jahren beerbt hatte. So ähnlich musste es ihr kurz vor der Kündigung auch ergangen sein.

Der 31. März 2016 war der Tag der Entscheidung: Bekam ich heute meine Kündigung? Waren die eventuell so doof und kündigten mir, ohne den Betriebsrat befragt zu haben?

Doch bis zum Nachmittag geschah nichts dergleichen. Ich fuhr mit dem Auto vom Hof und zeigte den Bürofenstern neben mir den linken Mittelfinger. Die Persona non grata hat Feierabend. Darüber musste ich laut und verzweifelt lachen, bis mir wieder die Tränen kamen.

Abends packten Simon und ich unsere Koffer, denn am nächsten Tag flogen wir nach Asien: Hong Kong und Thailand erwarteten uns. Doch zuvor stand noch ein Gespräch mit Eberhard an. Ich teilte ihm meine mit dem Anwalt abgestimmten Forderungen mit, wozu unter anderem eine Abfindung und meine Freistellung von der Arbeitsleistung bis zum Ende des Arbeitsverhältnisses gehörten.

Eberhard hörte mir schweigend zu. Nachdrücklich bat ich darum, den Vertrag während meines Urlaubes zu erhalten, nicht erst nach meiner Rückkehr. Eberhard griff nach einem Stift. Er musste meine Forderungen intern abklären und wollte mir dann den Vertrag an meine private EMail-Adresse senden. Als ich sein Büro verließ, schauten die anderen Kollegen mir nach. Die wussten ganz genau, dass hier was im Busch war.

Zwei Tage vor Ende unseres Urlaubs erhielt ich endlich den Vertragsentwurf, den ich direkt an den Anwalt weiterleitete. An meinem ersten Arbeitstag erwarteten mich 450 Nachrichten in meinem EMail-Postfach, davon 90 Prozent Junkmails, Newsletter und Kokolores in Kopie. Um 11 Uhr hatte ich sämtliche Aufgaben erledigt, die sich in drei Wochen angesammelt hatten. Kein Wunder, dass ich an Bore-out erkrankt war! Meine tolle Aufgabenliste dümpelte derweil vor sich hin.

Inzwischen war ich in keine Projekte mehr eingebunden, mein Telefon klingelte fast nie. Meine anfängliche Angst, im Internet zu surfen, hatte ich beiseitegeschoben, es interessierte sich ja eh keiner mehr für mich. Ich war im Abseits, gehörte nicht mehr zum System. Bald verbrachte ich die meiste Zeit des Tages zusammen mit einer Kollegin in der Kaffeebude, hörte mir ihr Geläster an und qualmte meine Schachtel leer. Mir war mittlerweile alles egal, ich wollte nur noch raus aus dem Film.

Im Büro ging es zu wie im Taubenschlag. Der Personalleiter saß stundenlang bei Eberhard, ich aber hatte inzwischen gedanklich meinen Schlussstrich gezogen. Selbst in dieser Situation war die Unfähigkeit des Unternehmens sichtbar: Sogar bei diesem Personalthema standen sich die Führungskräfte selbst im Weg und waren nicht dazu in der Lage, eine schnelle Entscheidung zu treffen.

Chaotisch waren auch die Vertragsverhandlungen. Den ersten Entwurf hatte mein Anwalt abgelehnt, zwei Wochen später erhielt er endlich einen neuen.

»Herr Guldenbach, Ihr Aufhebungsvertrag hat heute Morgen für allgemeine Erheiterung in der Kanzlei gesorgt. So dämlich kann man als Arbeitgeber doch gar nicht sein. Der Vertrag ist insgesamt missverständlich und laienhaft formuliert.«

Ich war entsetzt, dass die Bank dafür zwei Wochen gebraucht hatte – die Warterei hatte dermaßen an meinem Nervenkostüm gezehrt.

Bei einem erneuten Gespräch erläuterte Eberhard mir noch einmal meinen Aufhebungsvertrag. Außerdem verlangte er von mir, mein Zeugnis selber zu schreiben. Daraufhin nahm mein Anwalt die Sache selbst in die Hand, da ansonsten kein Ende in Sicht schien. Die Berechnung meiner Abfindung bei vorzeitiger Vertragsbeendigung zeigte er in einer Matrix auf – sicherheitshalber, für ganz Doofe. Und mein Zeugnis schrieb er außerdem. Er vertraute mir an, dass er ein solch unprofessionelles Verhalten in seiner gesamten Zeit als Anwalt noch nicht erlebt hatte.

Erik hatte einige Zeit wegen eines Hörsturzes gefehlt, doch irgendwann tauchte er wieder im Büro auf. Er sagte, dass es ihn wahnsinnig mache, zu Hause zu sitzen. Genauso gut könne er hier Sachen abarbeiten. Ich betrachtete ihn nur schweigend, mir fehlte jegliche Kraft, um darauf zu reagieren. Das Jour fick, wie ich es inzwischen nannte, wurde wegen Eriks Ohrensausen vertagt. Inzwischen hatte ich das Gros meiner privaten EMails umgeleitet und auch den privaten Laufwerkpfad gelöscht.

Würde ich meine täglichen Qualen in wenigen Bulletpoints als *Executive Summary* beschreiben, wie es so schön in der von Projektmanagern geliebten Bullshit-Bingo-Sprache heißt, dann sähe das so aus: Rücken, Rauchen, Kaffee, Klo, Langeweile, Angst. Ich fühlte mich so unwohl, ich wollte nicht mehr. Ich quälte mich zu Tode. Das Gefühl war schrecklich, wie Liebeskummer gepaart mit Ungewissheit und Verlustängsten. Ohnmacht.

Die Tage im Büro vergingen nur schleppend, ich fühlte mich zusehends einsamer und suchte immer wieder krampfhaft das Gespräch mit Kollegen. Längst hatte ich auch wieder damit begonnen, meine Zeit mit Online-Spielen wie Candy Crush und Farm Heroes zu verbringen.

Ich hatte nun zwar aufgrund der Aufgabenliste viel Arbeit, aber keinen Plan. Erik verhielt sich mir gegenüber kalt, ließ mich jedoch in Ruhe. Aber warum auch nicht, schließlich hatte er ja das wöchentliche Jour fick.

Die Zeit im Büro war eine einzige Qual.

Abends lag ich zusammengekrümmt auf der Couch. Es ging einfach nicht mehr, ich heulte mir die Augen aus dem Kopf. Mir ging langsam die letzte Kraft aus. Den ganzen Tag über musste ich auf der Hut sein, hatte die Ungewissheit im Nacken und fühlte mich ständig beobachtet. Ich empfand diesen Zustand als absoluten Psychoterror. Immer wieder ließ ich mich tageweise krankschreiben, anders hätte ich die Situation nicht ausgehalten.

Die Stiche in meiner Brust wurden unerträglich und klangen erst nach zwei Ibuprofen in einen dumpfen Level ab. Ich hatte totale Schmerzen im Rücken aufgrund der verbalen Prügel. Erst Lea, meine liebe Physiotherapeutin, konnte mir Linderung verschaffen. Sie war ohnehin voll im Bilde. Seit Monaten erzählte ich ihr alles in epischer Breite, bei ihr konnte ich meine Probleme loswerden. Anfangs hatten wir noch über meine Erzählungen gelacht.

»Mensch Lars, das ist ja der reinste Slapstick bei euch!«

Inzwischen war sie sehr betroffen, fand aber immer wieder Worte, die mich aufbauten.

Nachts fand ich kaum noch Schlaf und wälzte mich mit starken Schmerzen im Bett hin und her. Inzwischen nahm ich die 600er Ibuprofen wie Bonbons. Wenn endlich die Betäubung einsetzte, sank ich in eine verzweifelte, unruhige Schlafphase.

Für mich war es jedes Mal ein Drama, wenn ein Termin mit Frau Barney ausfiel. Zum Glück war sie immer telefonisch für mich da und machte mir Mut. Dieser Zuspruch war für mich ungemein wichtig, denn ich zweifelte ständig an mir und hatte Angst vor dem, was noch kommen würde.

»Herr Guldenbach, Sie müssen da durch, das stärkt Sie! Verkaufen Sie sich nicht unter Wert. Nehmen Sie die Kritik nicht an, Sie sind nicht inkompetent. Pokern Sie und lassen Sie sich großzügig abfinden! Und schließlich haben Sie auch einen sehr guten Anwalt, der macht das schon richtig. Das ist das Ziel! Nur wer wagt, der gewinnt.«

Von Julia Barney erhielt ich die Hausaufgabe, nähere Informationen zum Thema Achtsamkeit in Erfahrung zu bringen. Mein Interesse war schnell geweckt, und ich wollte mich zeitnah um einen passenden Kurs kümmern. Ich befolgte den Auftrag von Frau Barney, im Alltag achtsamer zu leben, die Dinge um mich herum genauer wahrzunehmen und den Moment aufmerksamer zu erleben. So duschte ich nach dem Joggen ganz bewusst, ließ das warme Wasser über meine Haut laufen. Ich roch das Shampoo und betrachtete die Konsistenz, während ich mir ganz langsam die Haare einschäumte. Ich nahm den Conditioner und verteilte ihn im Haar. Anschließend seifte ich meinen Körper ein mit einem Duschgel, das ich von den Seychellen mitgebracht hatte. Es erinnerte mich an unseren schönen Urlaub dort und führte mir die traumhaften Bilder unserer Hochzeitsreise vor Augen.

Simon war sehr geduldig mit mir und gab sich alle Mühe, mit meinem Verhalten klarzukommen. Und das war ein emotionales Auf und Ab. An einem Tag war er mein Held, reparierte sogar die defekte Heizung. Doch im nächsten Moment verhielt ich mich Simon gegenüber total aggressiv und schrie ich ihn wegen einer Kleinigkeit an. Ich schämte mich dafür. Ich konnte nicht mehr bewerten zwischen einer Bagatelle und einem Riesenproblem. Unsere zugeparkte Garageneinfahrt ließ mich fast aus der Hose springen. Ich parkte in einer Nebenstraße, hätte am liebsten gegen die Autotüre des Falschparkers getreten. Nur mit Mühe bewahrte ich die Fassung.

Geholfen haben uns in dieser schlimmen Phase regelmäßige Spaziergänge durch den nächtlichen Park. Abend für Abend ließen wir auf diese Weise die Geschehnisse des Tages Revue passieren und besprachen die möglichen kommenden Schritte. Ich hielt mich ganz fest an seiner Hand, wollte ihn nicht verlieren. Wir reflektierten die ereignisreichen vergangenen Monate. Nachdem uns die Todesfälle von Simons Eltern und der Umzug im Jahr zuvor schon so viel Kraft gekostet hatten, zehrte nun meine berufliche Situation an unseren Nerven.

Ende März hatte Simon Geburtstag, ich war völlig entkräftet und quälte mich durch die Vorbereitungen. Der Tag verging wie im Flug mit Schnippeln und Kochen: Es gab verschiedene Salate und Schweinenacken im Bratschlauch. Wir erwarteten viele Gäste, dabei hätte ich mich lieber in mein Schneckenhaus zurückgezogen als mit den Freunden, die von meiner Krankheit und der Situation in der Bank nichts wussten, lustigen Smalltalk zu machen. Genauso wenig hatte ich Lust, mich über die Themen Jobwechsel und Bewerbungsprozedere unterhalten zu müssen. Ich hatte Angst, als Versager dazustehen. Also signalisierte ich nach außen hin die heile und unbeschwerte Welt.

Am Ende der Feier fiel ich sturzbetrunken ins Bett. Der Abend war schön gewesen, aber auch sehr anstrengend. Ich merkte, dass mir viele Leute auf den Geist gingen, was aber sicherlich auch daran lag, dass ich aktuell so zart besaitet war.

Am nächsten Tag ging es mir furchtbar. Es war einfach zu viel für mich: der Stress, die Müdigkeit, der Alkohol. Ich weinte viel und hatte Angst, Simon zu verlieren. Ich wollte, dass er zu mir stand und forderte dies von ihm ein. Ich war fix und fertig und spielte wieder mit dem Gedanken, mir das Leben zu nehmen.

Sonntags besuchten Simon und ich gemeinsam den Gottesdienst. Unser Pfarrer, der uns bei der Hochzeit gesegnet hatte, predigte. Bei seinen Worten hätte ich direkt wieder losweinen können. Dieser Mann faszinierte mich so, weil er seine Berufung gefunden hatte. Dies war mir bisher verwehrt geblieben und das wühlte mich sehr auf. Das Thema Achtsamkeit verfolgte ich weiter intensiv. Wir spazierten anschließend durch den Park und ich genoss das Grün und die verschiedenen Baumarten. Langsam kehrte die Natur aus dem Winterschlaf zurück.

Im April verbrachten wir beide vier schöne Tage in Amsterdam, liefen durch unser altes Viertel, die Erinnerungen an unser damaliges Leben im Jordan Distrikt und ich blühten auf. Simon und ich saßen in Cafés und beobachteten die Stadt aus vielen neuen Perspektiven. Das waren die bisher intensivsten Tage, die wir hier verlebt hatten. Wir radelten bei strahlendem Sonnenschein durch die pulsierende Stadt und ich schöpfte Kraft, war ganz entspannt und ohne Schmerzen. Ich genoss das Leben außerhalb der Bank in vollen Zügen und merkte gleich, wie es mir körperlich besser ging.

Es gab für mich nur noch den einen Ausweg: Ich musste die Bank verlassen. Die vielen Gespräche mit der Therapeutin und dem Anwalt hatten mir klargemacht, dass es höchste Zeit war zu handeln. Ich hatte jetzt keine Angst mehr.
Ich muss an mich denken! Ich darf keine Angst haben!
Diese beiden Sätze wurden wie ein Mantra für mich. Der eingeschlagene Weg war der richtige. Ich würde keine Schuldgefühle bekommen, egal wie sich die Dinge in der Bank weiterentwickeln würden.

Ostern verlief sehr harmonisch, ich verschwendete keinen Gedanken ans Büro. Simon flog Ostermontag beruflich nach

New York, ich hatte Karten für meine erste Wagneroper. Ich ging in Wagners *Parsifal* – und nach dem zweiten Akt nach Hause. So eine blöde Oper! Jetzt wollte ich endlich mal etwas von Wagner sehen und dann erwischte ich so ein dröges Musikstück. Ätzend. Enttäuscht verließ ich die Oper, aber auch stolz, endlich einmal auf meinen Körper gehört zu haben. In diesem Fall auf meine Ohren. Ich spazierte grinsend durch den Regen nach Hause. Auf der Hohenzollernbrücke betrachtete ich nachdenklich die Wellen des Rheins und den Dom. Was dieses Jahr wohl noch alles in meinem Leben passieren würde?

Tag 19

In Nepal ist es schon wieder weit nach Mitternacht. Mich daran zu erinnern, wie ernst es mir war, mir das Leben zu nehmen, schockiert mich sehr. Wie froh ich bin, dass ich es nicht soweit habe kommen lassen! Nichts ist es wert, sein Leben aufs Spiel zu setzen. Das weiß ich inzwischen. Es gibt immer einen Weg aus der Misere, man muss nur den Mut aufbringen, ihn zu gehen. Aber jetzt muss ich unbedingt ins Bett.

Müde taumele ich am nächsten Morgen zum Yoga. Mein Lehrer macht auch nicht gerade den fittesten Eindruck. Wir beginnen mit den üblichen Atemübungen und ich gebe mich ganz dem OOOooommm-Rosenkranz hin. Danach schaue ich ihm wie in Trance bei seinen Verknotungstechniken zu. Ein Wahnsinn, wo der sich überall seine Beine hinbammeln kann! Ich habe gerade etwas geistesabwesend Kopfkino und stelle mir vor, was er sich wohl alles im Rahmen seiner Verrenkungen in den Mund stecken könnte. Mein letzter Rest an Konzentration ist dahin, als er bei den Chakraübungen sein Hemd auszieht und ich freie Sicht auf seinen Waschbrettbauch habe.

Ich habe heute keine Lust auf Frühstück und bestelle mir stattdessen eine Kanne Kaffee mit heißer Milch auf mein Zimmer. Schnell vertiefe ich mich wieder in mein Tagebuch.

Ende Mai 2016 hatte ich meinen letzten Termin mit der Teamleiterin der Personalabteilung und meinem Direktor zwecks finaler Vertragsbesprechung. Erneut wurde mir die ursprüngliche schwachsinnige Berechnung vorgelegt, die überhaupt keinen Sinn machte.

»Wir haben Ihre Matrix noch einmal angepasst. Sie entsprach nicht jener, die wir vereinbart hatten. Und wir haben intern noch einmal diskutiert, wir können Ihnen das Zeugnis nicht von der Geschäftsleitung unterschreiben lassen. Die Unterschriften erfolgen vom Marketingleiter und vom Leiter der Personalabteilung.«

Wir vereinbarten einen Termin zur Unterzeichnung des Vertrages. Mein Direktor zeigte sich in seiner vollen Großzügigkeit.

»Du musst vorher und nachher nicht mehr ins Büro kommen. Ich werde deine Aufgaben übernehmen. Wenn du unterschrieben hast, fährst du erst einmal in Urlaub.«

Den Vertragsentwurf mailte ich direkt an meinen Anwalt.

Ich selbst war grundsätzlich mit dem Vertragsinhalt einverstanden. Die Matrix interessierte mich nicht, denn die käme ohnehin nur zum Tragen, wenn ich vor dem ersten Oktober einen neuen Job antreten würde. Aber das kam für mich nicht infrage. Sollte die Bank also berechnen, was sie wollte – mir war lediglich die Bestätigung des Anwalts wichtig, dass die Bank nicht im Nachgang die Berechnungen als Irrtum darstellte und der Vertrag nichtig war. Mein Anwalt lachte, als ich ihm meine Bedenken mitteilte.

»Sie können mit denen vereinbaren, was Sie wollen. Das sind ordentliche Kaufleute und das Unterschriebene gilt, zumal es zweimal zurückkorrigiert wurde. Wenn die also so dämlich sind und auf dieser Berechnung beharren, dann ist das vertraglich so vereinbart.«

»Und was die Unterschrift des Zeugnisses angeht: Ganz ehrlich, wer das unterschreibt oder nicht, das ist mir sowas von scheißegal. Von mir aus kann das auch die Christel von der Poststelle oder der Typ vom Empfang unterschreiben, das interessiert doch eh keinen. Ich will die Sache einfach nur so schnell wie möglich hinter mich bringen. Ich kann nicht verstehen, wie man auf diesem Mist über zwei Wochen lang rumreiten kann!«

»Bravo!«

Mein Anwalt freute sich. Ich war total wütend, meine Psychologin wäre stolz auf mich.

»Mein Glückwunsch, Herr Guldenbach! Dann haben die unseren Köder doch geschluckt. Viel wichtiger war uns doch, dass Sie nebst großzügiger Abfindung Ihr Gehalt bis zum Jahresende bekommen. Und dazu ein sehr gutes Zeugnis, in dem steht, dass Sie das Unternehmen auf eigenen Wunsch verlassen. Sie können den Vertrag also in Ruhe unterschreiben.«

Ich musste sehr schmunzeln. Mein Anwalt hatte die Bank ausgetrickst, indem er sie mit den Unterschriften auf meinem Zeugnis beschäftigte. Derweil waren diverse Fristen verstrichen. Ich konnte den morgigen Tag kaum abwarten.

Beim Abendessen erzählte ich Simon ausführlich von den heutigen Ereignissen.

»Die sind echt so bescheuert. Aber sie haben es auch nicht anders verdient.«

Simon drückte meine Hand, lachte laut und konnte sich kaum halten. Verunsichert, wie ich damals war, bat ich ihn aufgebracht um Aufklärung

»Ach, ist doch toll, Schatz. Du wurdest seinerzeit mit Geld begrüßt und jetzt mit einem prallen Geldkoffer verabschiedet. Ich bin einfach stolz auf dich.«

2016 war also mein persönliches *Sabatical sponsored by Taikutsu*. Und ich definierte auch mein persönliches Ziel: Am 1. Januar stehe ich wieder in Lohn und Brot! Es motiviert so sehr, ein Ziel zu haben. Darauf arbeitete ich hin, darauf richtete ich meine Kraft aus!

Mit dem Fahrrad und in Zivil fuhr ich am nächsten Morgen meinen alten Radweg ins Büro und ließ dabei die vergangenen Jahre Revue passieren. Es begann leicht zu regnen, als ich durch die offenen Felder radelte. Warum regnete es gerade jetzt?

Der Termin war kurz und professionell, ich unterschrieb den Aufhebungsvertrag mit meinem Mont-Blanc-Füller und verabschiedete mich nach einem kurzen Smalltalk. Die Personaldame gab sich nachdenklich.

»Manchmal ist es so, dass es irgendwann einfach nicht mehr passt. Und dann muss man auch einen neuen Weg gehen. Versuchen Sie, erst einmal Abstand zu gewinnen. Es werden sich wieder neue Möglichkeiten auftun, davon bin ich überzeugt.«

Es schien mir, als meinte sie es ehrlich mit mir. Wir verabschiedeten uns lächelnd.

Ich stieg wieder auf mein Fahrrad, der Regen hatte aufgehört und ich trat kräftig in die Pedale. Ich stieß einen erleichterten und glücklichen Seufzer aus und atmete tief ein und aus. So happy hatte ich noch nie ein- und ausgeatmet! Ich war endlich befreit, die Fesseln fielen von mir ab. Ich hatte es geschafft, und es gab kein Zurück mehr. Mir kamen die Tränen, endlich konnte ich das Kapitel Taikutsu Bank abschließen, und das hatte ich nun auch schriftlich.

So ganz war es leider noch nicht vorbei, ich musste weiterhin ins Büro, denn der Aufhebungsvertrag startete erst per ersten Juli. Also noch vier Wochen ein schönes Gesicht machen. Nach dem Abteilungsmeeting wollten Eberhard und Erik mit mir unter sechs Augen die Sprachregelung gegenüber den Kollegen klären. Ich sollte sagen, dass ich die Bank verlasse und auf Reisen gehe. Mir war das völlig egal, ich wollte es nur hinter mich bringen. Die Heißdüse erinnerte mich daran, dass ich unbedingt alles über meine Projekte dokumentieren und eine saubere Übergabe für die Nachwelt gewährleisten müsse.

»Ja, klar! Natürlich!«

Ich spürte meinen ausgestreckten Mittelfinger in der rechten Hosentasche. Auch Eberhard nickte.

»Das ist wichtig, Lars. Und es wäre toll, wenn deine Mutter zu deinem Ausstand nochmal diese leckere Käsesahnetorte backen würde. Die hat uns immer so gut geschmeckt.«

Ja, genau, meine Mutter lasse ich für euch auch noch werkeln. Im Traum würde mir das nicht einfallen!

Ich lächelte nur freundlich und brummte Eriks Lieblingston. »Hm.«

Eine halbe Stunde später waren alle verfügbaren Kollegen in Eberhards Büro versammelt. Die meisten meiner Lieblingskolleginnen hatte ich ohnehin bereits im Laufe des Vormittages informiert, daher war die folgende Bekanntmachung für kaum jemanden überraschend. Zudem pfiffen es seit

Wochen die Spatzen vom Dach. Alle Augen waren auf mich gerichtet, Eberhard ergriff das Wort.

»Wir haben leider eine personelle Veränderung. Und das betrifft den Lars. Aber das wird er euch gerne selbst sagen.«

Mit einem künstlichen Lächeln verwies er an mich. Ich gab mein vereinbartes Sprüchlein zum Besten und hielt mich brav an die Regieanweisung. Doch keiner der Kollegen fiel darauf herein. Später auf dem Flur brachte Sandra es auf den Punkt:

»Die meinen alle echt, wir sind bescheuert.«

Der Reihe nach erschienen meine Lieblingskolleginnen und drückten mich fest zum Abschied. Die herzlichen Umarmungen taten mir unwahrscheinlich gut. Als ich das Büro verließ, hatte ich inzwischen vierzehn Minusstunden angesammelt, aber das war mir nunmehr auch egal. Nachdem ich meiner Hausärztin von den neuesten Entwicklungen erzählt hatte, bot sie mir sofort an, mich für die restliche Zeit krankzuschreiben. Damit war das Kapitel Taikutsu Bank für mich endgültig abgeschlossen.

Bei meinem wöchentlichen Treffen mit Frau Barney schilderte ich ihr, was sich in der Zwischenzeit ereignet hatte und welche Gefühle das bei mir auslöste. Sie hörte sehr zufrieden zu. Ich blickte mit Mut und Selbstvertrauen in die Zukunft. Frau Barney gab mir eine neue Hausaufgabe.

»Sie sind wirklich ein Glückspilz! Und genau das sagen Sie sich jetzt abends und morgens vor dem Spiegel: Ich bin ein Glückpilz!«

Da war er wieder, der berühmte Spiegel, wie bei meiner ersten Psychotherapie. Zu guter Letzt erhielt ich noch einen Rat von Frau Barney mit auf den Weg: Ich solle nach den Dingen greifen, für mich selbst aktiv werden. Kundenarbeit und Kontakt mit Menschen lagen mir, mal schauen, wo mich meine Reise hinführen würde.

Im Mai verbrachten Simon und ich zusammen mit meiner Schwester und deren Mann eine Woche am Gardasee. Es war ein sehr schönes und harmonisches Miteinander. Gut zu wissen, dass ich mich jederzeit auf meine Familie verlassen kann!

Kapitel 5:
Alles wird gut

Seit ich die Bank verlassen hatte, brannte mein Magen und ich entschloss mich schließlich zu einer Magenspiegelung. Zuerst hatte ich mich noch gefreut, denn ich bekam Propofol, das gleiche Medikament wie seinerzeit Michael Jackson. Dann erhielt ich die Hiobsbotschaft: Ich hatte Geschwüre im Magen und im Zwölffingerdarm. Mir wurden Gewebeproben entnommen, danach musste ich das Ergebnis der Biopsie abwarten. Meine Hausärztin versuchte, mich zu beruhigen: »Abwarten! Das klingt schlimmer als es ist! Erholen Sie sich!«

Und sie behielt recht. Glücklicherweise war ich einfach im wahrsten Sinne des Wortes »sauer«, mithilfe von Medikamenten erholte sich mein Magen schnell wieder.

Sobald es mir besser ging, begann ich damit, meine Fühler in alle Richtungen auszustrecken. Ich wollte langsam damit anfangen, meine Zukunft zu gestalten. Gleichzeitig merkte ich aber auch, dass es noch einige Zeit dauern würde, bis ich wieder ganz ich selbst war. Es gibt eine Faustregel, die besagt, dass für jedes Jahr Stress ein Monat Erholung nötig ist.

Meine Therapeutin Frau Barney hatte mir empfohlen, mich nach einem MBSR-Kurs, dem sogenannten *Mindfulness-Based-Stress-Reduction*-Training, zu erkundigen, einem Stressbewältigungstraining durch Achtsamkeit. Die Kurse schossen wie Pilze aus dem Boden. Kein Wunder, haben doch heute viele Menschen Stress, hervorgerufen durch den Leistungsdruck in unserer Gesellschaft.

Über das Internet fand ich in Ehrenfeld eine Trainerin für MBSR. Sie hieß Olivia und als wir uns zu einem Vorgespräch trafen, waren wir uns auf Anhieb sympathisch. Olivia war überrascht, wie offen und ehrlich ich mit ihr kommunizierte.

Aber ich wollte mich ja weiterentwickeln und nicht an falscher Stelle mit Informationen hinter dem Berg halten.

Der Kurs ging über acht Wochen. Gleich am ersten Abend fiel ich beim sogenannten *Bodyscan*, den ich von meiner Psychologin kannte, in eine derart tiefe Entspannung, dass ich den kleinen Meditationsraum zusammenschnarchte. Aus den Übungen konnte ich spürbar Kraft schöpfen, ein Gefühl, das mir seit Jahren gefehlt hatte.

Die Übungen machten mir Spaß, und ich trainierte sie auch zu Hause größtenteils weiter. Zwar in unregelmäßigen Abständen, aber ich nahm mir bewusst die Zeit zum Meditieren, um gelassen wieder im Hier und Jetzt anzukommen. Die Stellen in der Brust und im unteren Rückenbereich, die permanent schmerzten, verhielten sich neutraler, standen nicht mehr im Vordergrund und zogen mich nicht mehr nach unten. Ich atmete befreiter. Wenn ich nun Schmerzen bekam, dachte ich immer an die gemütliche Matratze unseres Bettes zu Hause und schon waren der Schmerz und mein Frust wie von Zauberhand verschwunden.

Durch das Achtsamkeitstraining nahm ich vieles anders und intensiver wahr, erlebte durch die Entspannung Wut und Unsicherheit als Sanftheit, ein ganz erstaunliches Gefühl. Das Tolle war: Ich erkannte, dass ich schwierige und unangenehme Gefühle durch tiefes Atmen so verändern konnte, dass ich sie entspannt wahrnahm.

Gleichzeitig keimte aber auch eine stärkere Aggressivität in mir auf. Ich regte mich über alles und jeden auf, vor allem über die rüpelhaften und rücksichtslosen Fahrradfahrer. Aber das gehörte zum Achtsamkeitstraining dazu und war letztlich eine Frage der Übung: eine Situation annehmen und sich nicht darüber ärgern. Olivia lobte mich.

»Das ist toll! Du entwickelst dich, Lars. Du hast jetzt alle Filter auf. Filter, die du über die vielen Jahre vernachlässigt hast.«

Außerdem las ich in jenem Sommer ein Buch zum Thema Bore-out, das mir Kraft gab. Die Erfahrungsberichte waren so authentisch, teilweise musste ich schallend lachen und dann wieder stimmte es mich unendlich traurig, wenn ich las, wie andere in ähnlich schrecklichen Situationen litten. Ich weiß jetzt, dass ich mit dieser Krankheit nicht alleine bin. Die Dunkelziffer ist sehr hoch, denn es gibt viele Menschen, die sich im Büro langweilen, Angst vor den Risiken einer Veränderung, vor dem Verlust des Arbeitsplatzes haben. Es bleibt zu hoffen, dass es zu einer Bewusstseinsveränderung bei der arbeitenden Bevölkerung kommt und immer mehr Menschen den Mut finden, etwas zu ändern. Ich könnte mir vorstellen, dass sich gerade die jüngere Generation, die viel freier erzogen worden ist, diesen Zustand des Abwartens und Aushaltens nicht länger gefallen lässt. Und das ist auch richtig so. Ich kann nur an jeden appellieren, stets auf die eigene innere Stimme zu hören. Hätte ich das früher getan, wäre es bei mir nie so weit gekommen.

Im Laufe der Zeit ging es mir immer besser. Bereits Ende Juni hatte sich meine Haltung deutlich verändert, und ich spürte, wie ich an der Brustwirbelsäule immer freier wurde. Meinem Magen ging es wieder gut und mein Rücken war nahezu beschwerdefrei. Ich fühlte mich wie neu geboren und konnte mein Glück darüber, endlich wieder ohne Schmerzen zu leben, kaum fassen.

Ich fand einen schönen Spruch von Dante Alighieri, den ich auf einem gelben PostIt notierte und gut sichtbar am Kühlschrank befestigte.

»Der eine wartet,
bis die Zeit sich wandelt,
der andere packt sie kräftig an
und handelt.«

Im Juli 2016 besuchte ich Catarina in Berlin. In längeren Telefonaten hatte ich meiner Schwippschwägerin, die als Coach und Heilpraktikerin arbeitet, meine Situation geschildert. Sie wollte mir dabei helfen herauszufinden, wo meine Interessen liegen und worin meine Stärken bestehen. Hierzu ließ ich bei ihr ein Persönlichkeitsprofil erstellen. Zur Auswertung und Besprechung der Analyse, so hatten wir es vereinbart, trafen wir uns bei ihr in Berlin. Die Analyse brachte zum Vorschein, dass ich ein kreativer und einfühlsamer Mensch bin.

Mich beschäftigte die Definition des Wortes kreativ. Was ist eigentlich kreativ? Warum bin ich kreativ und was bedeutet das für mich? Ich begriff es nicht, denn ich verband mit Kreativität eine künstlerische Tätigkeit und steigerte mich hinein in den Gedanken, im Belgischen Viertel selbstgemachte Batik-Krawatten zu verkaufen. Das konnte es doch wohl nicht sein.

Ich besitze die Fähigkeit, auch bei schwierigen Problemen eine originelle und innovative Lösung zu finden. Mit Humor und Witz lockere ich auch gerne mal die Stimmung im Büro auf. Meine Devise lautet, das Leben leicht zu nehmen, es zu genießen und Spaß zu haben. Das macht es lebenswert. Dazu bin ich eine empathische, fürsorglich-beziehungsorientierte Persönlichkeit. Das klingt in meinen Ohren alles furchtbar spannend, ich muss es jedoch erst einmal verstehen und verinnerlichen, damit ich meine sagenhaften Stärken auch sinnvoll nutzen kann. Catarina gab sich zuversichtlich.

»Das bringt die Zeit mit sich, Larsman.«

In Berlin ließen wir uns in ihrem Kiez treiben. Kreuzberg war modern und eine wahre Wonne der Inspiration. Wie sehr hatte ich das vermisst. Ich war in einer Oase der Kreativität, der schrägen Ideen. Es gab Läden, die vereinten Kunst und Käse, eine Ziegenkäsemanufaktur. Daneben befand sich ein kleines Geschäft, das verkaufte sämtliche Zutaten für verschiedenste Gerichte: jeweils für zwei Personen berechnet und ordentlich in einem Paket verpackt. Auch kleine Brauereien, die Kiezbier anboten, lagen im Trend.

Catarina hakte sich bei mir unter.

»Komm, Schwippschwager, wir gehen ein Stück die Straße runter. Ein Geschäft muss ich dir noch zeigen, das ist der Hammer. Hier gleich um die Ecke.«

Sie führte mich zu einem veganen Schuhladen.

Immer wieder meldeten sich Headhunter, die mein Online-Profil auf einem der verschiedenen Jobportale fanden. Die Bezahlung der angebotenen Stellen lag in der Regel dreißig Prozent unter meinem aktuellen Gehalt. Immer wieder signalisierte ich, dass das Geld nur ein Baustein ist. Mir ist es wichtiger, in einem Team arbeiten zu können, in dem ich mich wohl fühle, in dem Empathie und Kompetenz sich gegenseitig ergänzen. Ich wünsche mir Vorgesetzte, die ihren Bereich kompetent im Griff haben und von denen ich etwas lernen kann. Dennoch brachen die Headhunter immer dann den Kontakt ab, wenn es ums Geld ging, mit dem Hinweis, dass sich das deutlich geringere Gehalt für mich nicht rechnen und somit dauerhaft nicht motivieren würde. Wie motivierend ein hohes Gehalt sein konnte, das wusste ich ja inzwischen.

An einem Tag fasste ich meinen ganzen Mut zusammen und spazierte mit meiner Bewerbung unter dem Arm in eine Internetagentur, deren Büro unweit meiner Wohnung lag. Ich wurde freundlich von den Mitarbeitern empfangen und sie lobten mich für meinen Entschluss, einfach so vorbeizuschauen. Wir führten ein nettes Gespräch, letztlich ließ man mich aber wissen, dass ich für den Job zu alt sei und meine Kenntnisse nicht auf dem neuesten Stand seien. Das war eine traurige Bestätigung dessen, was ich bereits vermutet hatte: Dadurch, dass ich jahrelang kaum gefordert worden war, hatte ich schlicht den Anschluss an aktuelle Entwicklungen verpasst. Dennoch war ich stolz darauf, mich initiativ bei der Agentur beworben zu haben: Der Wille, meinen alten Job hinter mir zu lassen, diente mir als Motivation, einen neuen, selbstwirksamen Weg einzuschlagen.

Isabelle, die mittlerweile als selbstständiger Unternehmenscoach tätig war, gab mir die Aufgabe, ein Mindmap zu erstellen. So sollte ich herausfinden, was ich wirklich wollte.

Also besorgte ich mir einen großen Bogen Papier und schrieb alles auf, was mir Spaß machte und was ich gut konnte. Ich nahm mir hierfür jeden Tag eine halbe Stunde Zeit.

»Und wenn du ein komplettes Bild hast, ruf mich an, dann sehen wir uns wieder.«

Ich begann also zu mappen. Zunächst fielen mir Dinge ein wie Reisen, Spaß haben und Leute begeistern. Später kamen auch die Themen Projektmanagement, Kundenbetreuung und Prozessanalyse dazu. Das Blatt füllte sich zusehends und am Ende schaute ich zufrieden auf mein Werk.

Einige Wochen später stellte ich Isabelle meine Punkte vor. Sie strahlte mich an.

»Also für mich ist das klar. Was du machen willst, ist Eventmanagement.«

Ich blickte sie staunend an.

»Ja, jetzt wo du es sagst, rieche ich es auch.«

»Du bist echt ein Vogel. Wie habe ich deine Sprüche vermisst.«

Isabelle nippte an ihrer Apfelschorle.

Wir arbeiteten mit verschiedenen Methoden, die immer wieder das gleiche Ergebnis lieferten. Egal ob es das Bedürfnisprofil war, die Teamanalyse oder die inneren Antreiber. Und sie deckten sich mit den Ergebnissen von Catarinas Persönlichkeitsprofil. Ich bin kreativ und ein humorvoller Kontakter, will es aber auch allen Leuten recht machen. Ich bin weltoffen, sympathisch, locker und kommunikativ. Ideal als Marketingmann oder Diplomat, ständig auf der Suche nach Möglichkeiten in der Außenwelt und über den Tellerrand hinaus. Bei alledem ist mir auch eine harmonische Teamarbeit wichtig. Die Ergebnisse berührten mich und ließen mir die Tränen in die Augen steigen.

»Mensch, Lars, du bist echt ein toller Mensch.«

»Trotzdem habe ich es nicht geschafft.«

Sie schüttelte energisch den Kopf.

»Hallo? Du hast es durchschaut. Du hast ein Bore-out. Jetzt musst du dich neu ausrichten. Denn bei dir war einfach das Problem, dass du in der alten Firma keine Stimulation durch interessante Aufgaben und positive Zuwendung der anderen Teammitglieder bekommen hast. Dann ist es logisch, dass ein weltoffener Kontakter verkümmert, zunächst leicht gelangweilt ist, dann lustlos und ineffizient.«

»Unglaublich. Du hast mich durchschaut.«

Isabelle grinste.

»Die Analyse hast du selbst gemacht durch deine Angaben. Du kannst in einem gesunden Team gut improvisieren und hervorragend unter Druck arbeiten. Wenn jedoch wenig zu tun ist oder die Aufgaben keinerlei Sinn machen, dann arbeitest du noch weniger. Das hat dich im Laufe der Jahre in dein Bore-out getrieben.«

Wieder einmal erhielt ich eine Aufgabe: Ich sollte – möglichst unvoreingenommen – Informationen rund um den Beruf Eventmanagement recherchieren. Also durchforstete ich das Internet, besorgte mir Fachzeitschriften und traf mich mit der Leiterin einer Eventmanagement-Agentur. Zu diesem Schritt kann ich jedem nur raten, der sich in einer ähnlichen Situation wie ich befindet. Endlich einmal die Chance zu haben, über den Tellerrand hinauszusehen und das berufliche Schicksal in die eigene Hand zu nehmen. Mir hat das richtig gutgetan.

Schnell wurde mir klar, dass Eventmanagement aus verschiedenen Gründen nichts für mich ist. Als Quereinsteiger wäre es sehr schwierig geworden, Fuß zu fassen, besonders ohne Ausbildung in Hotellerie oder Touristik – und das alles bei niedriger Bezahlung. Enttäuscht, gleichzeitig aber auch erleichtert, stellte ich meine Recherchearbeiten ein und teilte Isabelle mein Ergebnis mit. Ich spürte, dass ich als Projektmanager gut aufgehoben bin. Das ist das, was ich kann und was ich auch machen möchte. Isabelle lobte mich.

»Gute Erkenntnis! Du hast die Branche Eventmanagement entmystifiziert!«

Ich atmete erleichtert durch.

»War das schwer?«

»Ja.«

»Lars, du nimmst die Dinge immer viel zu ernst. Lass es sacken. Und jetzt genießt du erst einmal deine Nepalreise. Und bitte tue mir den Gefallen und lasse dich auf jeden Fall auf Land und Leute ein. Sauge diese wertvollen Erfahrungen auf. Das wird dir guttun.«

Mein Thema bei Frau Barney lautete heute »Grüne Wiese«. Diese grüne Wiese machte mich wahnsinnig, zum Beispiel in Projekten, wenn man mir sagte, was für ein Glück ich doch hätte, von der grünen Wiese aus zu starten: Alles neu und unberührt, ich alleine konnte darüber entscheiden, was auf diese Wiese kommen soll. Ich scheute mich aber davor, ja ich hatte bisher große Angst vor dieser grünen Wiese. Und im Moment kam ich mir vor wie ein Hase, der sein Gehege verlassen musste, weil er anderen Hasen vor die Nase gepinkelt hatte. Nun war ich für ein halbes Jahr mit Möhrchen versorgt – mein Zeugnis, das bescheinigte, dass ich ein guter Nager war – und musste entscheiden, wohin die Reise gehen sollte.

Im Laufe der Zeit erarbeiteten wir, dass es für mich keinen Grund gibt, mich vor der grünen Wiese zu fürchten. Im Gegenteil: Sie hält tausend verschiedene Möglichkeiten bereit und ist eigentlich etwas ganz Wunderbares. Ab einem bestimmten Punkt war meine Neugierde geweckt und ich wollte diese Wiese endlich selbst erkunden.

Langsam entwickelte sich auch mein Selbstbewusstsein wieder in die richtige Richtung, ich war hierüber sehr glücklich und strahlte wie ein Honigkuchenpferd. Aber einen neuen Job hatte ich damit immer noch nicht. Wieder half mir Frau Barney.

»Locker bleiben. Alles zu seiner Zeit, das kommt. Verlassen Sie sich auf Ihre Kräfte und auf das, was Sie alles an Handwerkszeug mitbringen. Haben Sie Geduld! In diesem Fall heißt es nun wirklich endlich mal abzuwarten.«

Bei mir kam trotzdem ein schlechtes Gewissen auf.

»Wozu? Sie müssen doch erst einmal ganz bei sich ankommen. Sie haben sich gegenüber niemandem zu rechtfertigen. Zudem sind Sie bis Jahresende vollfinanziert. Also, es gibt wirklich schlechtere Konstellationen. Haben Sie Geduld. Sonnen Sie sich auf der grünen Wiese und tun Sie das, was Ihnen guttut. Genießen Sie jetzt erst einmal den Sommer.«

Im August hatte ich mich arbeitssuchend gemeldet. Ich musste erst einmal den Unterschied verstehen zwischen arbeitslos und arbeitssuchend. Mir wurde eine Kundennummer zugeteilt und eine Informationsbroschüre ausgehändigt, wo ich alle meine Fragen nachlesen konnte. In vielen Belangen konnten auch die Mitarbeiter des Callcenters weiterhelfen. Es beruhigte mich, dass die bürokratischen Prozesse funktionierten, wenngleich ich sie erst kennenlernen und verstehen musste.

Ende Oktober hatte ich einen Termin bei der Akademikerberatung. Ich musste schmunzeln, als ich die Kaffeemaschine blubbern hörte. Auch die an die Wände geklebten Bilder von den Liebsten und die vielseitige Botanik auf der Fensterbank erfüllten das Klischee eines Beamtenbüros.

»War das Ihre Idee, diese Uhrzeit?«

»Nein, nicht wirklich!«

Mein Betreuer war cool. Er erklärte mir, wo und wie ich Jobs finde, und dass ich die Stellenbeschreibungen nicht allzu ernst nehmen dürfe. Das sei immer das Optimum Optimorum.

Ich pinnte fleißig mit, während der gute Mann wie ein Wasserfall redete. Er gab mir den Tip, meinen Lebenslauf zu kürzen.

»Arbeiten Sie mehr mit Stichpunkten und kurzen Sätzen. Und schreiben Sie alle Stellen an, egal ob die eine Leitungsfunktion suchen oder nicht. Für den einen heißt Leitung fünfzig Mann, für den anderen Teamleitung in Projekten. In Ihrem Alter können Sie das alles verkörpern. Sie müssen es nur wollen! Ich überziehe schon wieder, eigentlich stehen uns nur dreißig Minuten zur Verfügung.«

Ich bekam einen Katalog mit Seminarmöglichkeiten und den Rat, auf jeden Fall eines davon zu besuchen. Bei Bedarf solle ich ihn einfach anmailen.

In einem Telefonat mit meiner privaten Krankenkasse erfuhr ich zu meiner großen Erleichterung, dass ich trotz Arbeitslosigkeit weiterhin hier versichert bleiben konnte. Ich benötigte lediglich einen Bescheid von einer gesetzlichen Krankenkasse meiner Wahl.

Mittags traf ich meine Achtsamkeitslehrerin Olivia zum Abschlussgespräch. Ich erzählte ihr von meinem Besuch beim Arbeitsamt, und dass ich jetzt finanziell unabhängig war und mich voll und ganz auf mich konzentrieren konnte, um wieder zu mir selbst zu finden. Olivia hielt sich begeistert ihre Hand ans Herz und lächelte verständnisvoll.

»Du lässt los. Da geht mir das Herz auf! Das ist toll, du vertraust auf unser System. Das macht dir Mut, Lars, und das gibt dir Sicherheit. Du lässt dich in das System fallen.«

Sie schaute mich liebevoll an.

»Sich fallen lassen und vertrauen heißt übrigens nicht, sich aufzugeben, vielmehr abzugeben und sich auf das Wesentliche zu konzentrieren. Klasse, das verschafft dir Luft zum Atmen!«

So richtig hatte ich in dem Moment noch nicht begriffen, was sie meinte. Bisher atmeten für mich eher fünf verschiedene Ärzte, ein Coach, eine Psychotherapeutin, eine Physiotherapeutin und meine langjährige Osteopathin. Langsam musste auch mein Girokonto unter ein Sauerstoffzelt. Mal sehen, wann ich endlich auf der grünen Wiese alleine atmen konnte.

Meine Termine mit Frau Barney waren weiterhin sehr wichtig für mich. Langsam fügten sich meine Schilderungen und Erlebnisse zu einem gesunden Gesamtbild. Ich musste jedoch darauf achten, dass diese vielen Teilchen meinem wirklichen Bedürfnis entsprachen. Nach meiner Rückkehr aus Nepal würde für mich eine feste Struktur wichtig sein, die mir Sicherheit und Routine gab. Hierzu würde neben der Jobsuche auch das Schreiben zählen.

Ich hatte das große Bedürfnis, mich intensiver mit dem zu beschäftigen, was mir widerfahren war und ein Buch darüber zu schreiben, gewürzt mit einer ordentlichen Prise Humor, so wie ich eben auch im wahren Leben bin. Zu dem Buch hatte mich meine Freundin Manuela inspiriert. Dies ist die Art von kreativer Beschäftigung, wie ich sie mir jetzt und in Zukunft für mich vorstellen kann. Und ja, mir gefiel die Vorstellung, bei einer Tasse dampfendem Kräutertee auf die Berge zu schauen und meine Fingerchen über die Tastatur gleiten zu lassen.

Dank meiner Psychotherapeutin weiß ich heute, dass ich in Zukunft darauf achten muss, mich nicht mehr zu unterwerfen, so wie ich es in der Vergangenheit häufig getan habe. Diesem Teufelskreis musste ich entkommen, um mich auf meiner grünen Wiese frei und selbstständig fühlen zu können.

Tag 20

Der letzte Tag am Lake Begnas in Nepal ist angebrochen. Nach dem Abschlussgespräch bei meinem Ayurvedadoktor komme ich ein letztes Mal in den Genuss einer Kräuterstempelmassage, einer Gesichtsmaske sowie eines ausgiebigen Dampfbades. Wie es sich für mich gehört, mache ich meinem Therapeuten Sandros das schönste Kompliment: Ich schlafe während der Gesichtsmaske ein und schnarche das kleine Spa-Häuschen zusammen.

Während ich anschließend im See schwimme, bin ich ganz beseelt von den vielen Eindrücken und Gedanken. Endlich habe ich die Einsicht, dass es sich überhaupt nicht lohnt, sich ständig den Kopf zu zerbrechen. Schon gar nicht über einen ehemaligen Job, der mich ohnehin nicht interessierte, oder darüber, was andere möglicherweise über mich denken. Das ist eine völlige Verschwendung von Zeit und Energie. Grübele ich denn über andere Dinge? Habe ich je während meines Studiums die Tatsache infrage gestellt, dass ich BWL studiere? Wäre ich nicht in Astrologie besser aufgehoben gewesen? Nein. Habe ich mich je gefragt, warum ich in Köln wohne, obwohl doch Kanada mein Lieblingsland ist? Ist es richtig, dass ich Fleisch esse, obwohl Vegetarier gesünder leben? Reflektiere ich deswegen jeden Tag? Nein. Und auch nicht, dass ich rauche und Kaffee trinke. Darüber schimpft mein Mann ohnehin schon genug. Alles nein? Dann lass den Scheiß und höre auf zu grübeln. Lebe jetzt und neu, lass die Vergangenheit endlich Vergangenheit sein. Und Gleiches gilt für die unsichere Zukunft. Keine Ahnung, was kommt. Na und?! Ich kann den Weg dorthin selber gehen – und dieser sieht im Moment, umgeben von diesem atemberaubenden und spektakulären Bergpanorama, richtig schön aus. Ich bin stolz auf mich und meine Entwicklung und kann voller Energie und Lebensfreude nach Deutschland zurückkehren.

Zum Abschied schreibe ich ein paar Zeilen des Dankes ins Gästebuch, denn die Zeit hier am Lake Begnas war einfach wunderschön. Am Abend gönne ich mir noch einmal einen leckeren Fisch. Ich blicke zufrieden zurück auf die letzten zwei Wochen. Es war für mich eine ganz wunderbare und wohltuende Erfahrung für Körper und Geist. Zu so einer Reise kann ich nur jedem raten, am besten nicht erst dann, wenn es zu spät ist. Endlich bin ich mit meiner Vergangenheit im Reinen und mit mir im Einklang. Ich freue mich auf meine Zukunft und auf alles, was vor mir liegt. Was auch immer kommen mag: Ich werde das schon schaffen!

Als Mr. Ajun sich auf ein Schwätzchen zu mir setzt, werde ich ganz emotional. Er ist ein wirklich toller Mann, der sein

Hotel im Griff hat und es schafft, das Personal jeden Tag aufs Neue zu motivieren und zu Höchstleistungen anzutreiben. Er arbeitet seit neunzehn Jahren im Resort, es ist quasi sein Baby. Sein Job ist seine Berufung, er hat ein Lebensziel verwirklicht, das ihm Sinn und Inhalt gibt. Ein beneidenswerter Mensch! Ich sage ihm, dass ich meine Berufung noch nicht gefunden habe, jedoch weiß, dass ich entsprechende Weichen für die Suche stellen musste und dies auch in den letzten Monaten getan habe. Und ich bin glücklich, auf dem richtigen Weg zu sein. Er lächelt weise.

»You will find your way. You only need to do the first step into the right direction."

Ich telefoniere mit Simon über WhatsApp, immer wieder bricht die Verbindung ab. Ich bin ganz stolz auf meinen Mann, er hat unseren Taikutsu verkauft. Ich konnte dieses Auto nicht mehr sehen. Wieder ein Stück Taikutsu, von dem ich erleichtert Abschied nehme. Gute Nacht, Nepal!

Die Rückreise steht an. Früh am Morgen werde ich mit dem Jeep zum Pokhara Airport gefahren. Mein Flug nach Kathmandu geht bereits um 9.50 Uhr und dauert nur eine halbe Stunde. Aber ich genieße jede einzelne Minute, da wir die gesamte Zeit am Himalaya entlang fliegen. Am Flughafen in Kathmandu werde ich bereits von Jinpa freudestrahlend begrüßt. Er begleitet mich auf dem letzten Teil meiner Reise. Denn bevor ich nach Deutschland zurückkehre, verbringe ich noch einen Tag in Kathmandu, wo mich zwei Besichtigungshighlights erwarten. Da ist zum einen die Tempelanlage Pashupatinath, der heiligste hinduistische Tempel, wo auch Feuerbestattungen am Ufer des heiligen Flusses Bagmati stattfinden. Hierhin strömen Hindus aus ganz Südasien. Ich erkenne darunter auch viele Pilger und *Sadhus*, sogenannte Asketen und Wanderheilige – wobei laut Jinpa durchaus auch der ein oder andere Scheinheilige darunter zu finden ist. Die Sadhus haben dem westlichen Leben komplett entsagt, tragen lange Bärte und wilde Haartrachten, sehen sehr alt aus und sind meist in safrangelbe Tücher gewickelt. Ihre einzige Einnahmequelle ist das Geld von Touristen, die für ein gemeinsames Foto mit den Sadhus zahlen. Ach, was soll's, nach anfänglichem Zögern setze ich mich zu den Jungs und lasse mich mit ihnen ablichten. Jinpa schießt ein cooles Bild und die 100 Rupien Trinkgeld sind es mir allemal wert. Direkt nebenan sitzt ein Schlangenbeschwörer.

Der Zutritt in das Innere des Haupttempels ist für Nichthindus verboten, jedoch gibt es hier eine enorme Anzahl von Tempeln, Schreinen und Shivas als Phallussymbol. Besonders interessant sind die *Ghats*, die Verbrennungsplätze für die Verstorbenen auf den Treppen am Flussufer. Ein Platz wird noch vorbereitet und für die Zeremonie geschmückt, während an anderer Stelle die verbliebene Asche vom Wind in den Fluss geweht wird. Zuletzt stehen wir vor einem Ghat, wo gerade eine Verbrennung stattfindet. Die Angehörigen sind immer mit dabei, wenn der Verstorbene verbrannt wird, und begleiten dessen Seele, bis die Asche dem Kreislauf der Natur wiedergegeben wird.

Wir beobachten die Zeremonie von der anderen Seite des heiligen Bagmati-Flusses aus, sodass wir genügend Abstand zu den Trauernden wahren. Ich erfahre, dass typischerweise der älteste Sohn den Leichnam des Vaters, der jüngste Sohn den der Mutter schmückt und verbrennt.

Die Tradition verlangt von den Männern, dass sie sich vorher die Haare kahl scheren und weiße Trauerkleidung tragen.

Ganz in unserer Nähe befinden sich unzählige kleine Shiva-Tempel. Jinpa erklärt mir, dass diese zu Ehren jener

Ehefrauen errichtet wurden, die *Sati* vollzogen haben, sich also mit ihrem verstorbenen Mann bei lebendigem Leib verbrennen ließen. Auf diese Weise konnten sie dem traurigen Schicksal als Hindu-Witwe entrinnen, denen die Wiederverheiratung nicht erlaubt war. Zum Glück ist diese Praxis heute verboten.

Wir fahren weiter in den Stadtteil Bodnath am nordöstlichen Rand von Kathmandu, den die Einheimischen kurz Boudha nennen. Wir befinden uns hier in Klein Tibet und in der Nähe des Bodnath-Stupa. Es ist der größte Stupa in Nepal und einer der größten der Welt. Von morgens bis abends umkreisen junge und alte Tibeterinnen und Tibeter den Stupa, unablässig das Mantra »Om madne pani hum« murmelnd und die Gebetsmühlen im Sockel des Bauwerks drehend. Ich bin begeistert von der spürbaren spirituellen Energie.

Rund um den Stupa sind in malerisch restaurierten Häusern im nepalesischen Stil etliche tibetanische Andenkenläden vorzufinden, denen es dank der vielen Touristen ganz gut zu gehen scheint. Ich erstehe endlich mein Erinnerungsstück an die Nepalreise. Inspiriert von Olivia und für meine zukünftigen Meditationen kaufe ich eine Zimbel, mit einem wie für mich gemachten Klang. Ich sehe riesige Gebetsmühlen, geradezu monströs, bei denen die eine oder andere kleine, schmale Gläubige ordentlich in die Hände spucken muss, um das Ding zu bewegen. Ich bin fasziniert von den schönen Motiven sowie den Frauen in hübscher traditioneller Kleidung. Irgendwann bin auch ich bereit und lasse mich hinreißen zu meinem ganz persönlichen Mantra. Ich drehe die Gebetsmühlen, während ich in Gedanken meine Reise reflektiere und an die Zeit denke, die vor mir liegt.

Zurück im Summerhill Guesthouse, wo ich ja schon zu Beginn meiner Reise gewohnt hatte, beziehe ich ein Zimmer im Erdgeschoss, nehme eine heiße Dusche und mache anschließend einen Spaziergang zu »meinem« Supermarkt.

Heute ist mein letzter Abend in Nepal, als Henkersmahlzeit bestelle ich mir ein Tomaten-Käse-Sandwich. Die Eigentümerin ist sehr sympathisch, das war mir bereits bei meinem ersten Aufenthalt hier aufgefallen. Sie spendiert mir eine Flasche Everest-Bier. Mein Alkoholikerherz schlägt Purzelbäume und mein Ayurvedadoktor braucht sein Asthmaspray. Danach habe ich mich nach zwei Wochen Abstinenz wirklich gesehnt. Herrlich, wie das zischt!

Ich schlafe tief und fest, glücklich und zufrieden – und zum ersten Mal in meinem Leben mit einer Heizdecke. Herrlich! So etwas möchte ich auch gerne zu Hause haben. Ein unwiderstehlicher Luxus, den ich mir gerade plastisch in unserem gemütlichen Bett daheim in Köln nebst Topper vorstelle. Oweia, ich bin echt reif fürs Altersheim. Ich muss an meinen Schatz zu Hause denken und freue mich darauf, ihn morgen, nach über drei Wochen Trennung, endlich wieder in die Arme schließen zu können.

Am nächsten Morgen startet die Maschine nach Muscat pünktlich um 9.45 Uhr. Während ich gemütlich frühstücke, zieht noch einmal der Himalaya an meinem Fenster vorbei. Ich falle glücklich und zufrieden in einen leichten Schlummerschlaf. Der Flieger landet planmäßig um 12.50 Uhr in Muscat.

Anders als auf dem Hinflug habe ich hier keinen Aufenthalt, sondern hetze schnell zum Gate. Das Boarding für den Weiterflug hat bereits begonnen. Am Eingang der Maschine werde ich von einem sehr sexy aussehenden Steward in

Empfang genommen und zu meinem Sitzplatz geführt. Da ich etwas hilflos mit meinem Rucksack und den unhandlichen Wanderstöcken im Gang herumstehe, hilft er mir beim Verstauen der Sachen. Wie bereits auf dem Hinflug nehme ich Platz 10J an der Fensterfront ein und erhalte ein Glas Champagner zur Begrüßung. Hach, erfrischend und echt lecker! Ich hatte ja auch lange keinen Alkohol. *Sehr zum Wohle, endlich normale Leute.* Ich proste mir selbst zu und muss dabei innerlich schmunzeln.

Ich genieße die Zeit an Board, meine Füße auf dem Ottomanen liegend und in die weiche Tagesdecke eingemummelt.
Bis das Verwöhnprogramm für meinen Magen startet, schließe ich ein wenig die Augen und lasse den traumhaften Urlaub Revue passieren. Eine sehr emotionale, intensive und facettenreiche Reise geht zu Ende. Eine Reise zu mir selbst.

Ich habe dieses kleine Land wirklich sehr lieb gewonnen, und wie ich so über die Schönheit Nepals nachdenke, merke ich, wie mir die Tränen kommen und unaufhaltsam über die Wangen laufen. Der Steward reicht mir ein heißes Tuch und fragt mich besorgt: »Pain from hiking?«
Ich schaue ihn verlegen an.
»Yes. I have pain from the hiking trail back to my life.«

Nachwort

Das Leben verändert sich so oder so, auch ganz ohne unser aktives Dazutun. Manchmal dürfen wir uns einfach von seinem Fluss tragen lassen und zufrieden sein. Aber wir müssen immer – und vor allem rechtzeitig – auf unsere innere Stimme hören. Auf unser Herz. Schaue zurück und lerne etwas für die Zukunft. Verharre nicht in der Vergangenheit. Ein Job kann noch so gut bezahlt sein, wenn er nicht erfüllend ist oder die Ernsthaftigkeit fehlt, wenn irgendwann körperliche Beschwerden das Leben negativ beeinflussen, dann müssen wir handeln. Wenn wir achtsam sind, spüren wir, wann es an der Zeit ist für neue Herausforderungen. Dann sollten wir mit allen Sinnen wahrnehmen, ein feines Gespür entwickeln und mit einem tiefen, wohl klingenden OOOooommm ruhig durchatmen und den Atem ziehen lassen. Denn solange wir atmen, solange leben wir. Hierbei ist unser Gefühl der beste Ratgeber.

NAMASTÉ!

Ich sage Danke

Simon, meinem lieben Mann, der zu mir steht ein Leben lang;

Monika, meiner lieben, wiedergefundenen Freundin, die mich bestärkt hat, dieses Buch zu schreiben und daran zu glauben;

Andrea, Carmen, Evelin und Judy für die Inspirationen;

Meiner Lektorin Kerstin Neef, die mit Engelsgeduld mein anfängliches Manuskript lektoriert und in ein Buch gegossen hat;

Bianca, die immer zu mir hielt, mich geerdet hat.

Ich danke allen Menschen, die für mich in dieser schweren Zeit da waren, die mich verstanden haben. Die mich mögen, so wie ich bin, und die mir jeden Tag aufs Neue Mut gemacht haben, meinen Weg zum Glück konsequent zu gehen.

Krank vor Langeweile – das Bore-out-Syndrom

Alle reden vom Burnout-Syndrom. Doch das Gegenteil vom Burnout ist nicht weniger schlimm. Beim so genannten Bore-out sorgt Langeweile am Arbeitsplatz für Frust und Depressionen. Hier erfahren Sie, worum es sich beim Bore-out genau handelt und was Sie dagegen tun können.

Zwei Stunden arbeiten, Geld verdienen und den Rest der Arbeitszeit gemütlich am Rechner sitzen und die Zeit auf Ebay, Facebook oder mit Online-Spielen verbringen. Für die meisten hört sich das wie der absolute Traumjob an. Für ein paar Tage, Wochen oder sogar Monate mag das vielleicht auch der Fall sein. Doch langfristig stellt sich Langeweile ein. Und diese Langeweile kann der Psyche noch mehr zu schaffen machen als das gefürchtete Burnout-Syndrom.

Krank werden durch Langeweile wird auch Bore-out-Syndrom genannt (engl. boredom = Langeweile). Im Idealfall verdient man durch seinen Job nicht nur Geld, sondern findet darin auch eine gewisse Erfüllung. Ist man hingegen unterfordert oder gelangweilt, geht man einer eintönigen Arbeit nach oder ist man am Job desinteressiert, ist das für die Psyche ebenso schlimm wie permanente Überforderung, Stress oder dauernde Überstunden.

In der Geschäftswelt in Japan gibt es für die Betroffenen einen eigenen Ausdruck. Unkündbare Arbeitnehmer, für die es keine Aufgaben mehr gibt, werden hier als Fenstergucker (jap. »madogiwa zoku«) oder Fenster-Hocker bezeichnet. Wichtig ist, dass man zwischen Faulheit und Bore-out unterscheidet: Wer faul ist, möchte nicht arbeiten. Wer vom Bore-out betroffen ist, kann oder darf nicht arbeiten. Langfristig kann die permanente Unterforderung zu Depressionen führen, da man eigentlich mehr leisten möchte, als man arbeitsbedingt kann oder darf. Ein Gefühl der Nutzlosigkeit oder des verschenkten Potenzials geht oft damit einher. Als Folge tendieren viele Betroffene dazu, sich eigene Verhaltensmuster anzueignen, um überhaupt etwas tun zu können oder es für die Kollegen nach Arbeit aussehen zu lassen. Zu den typischen Handlungen zählen beispielsweise sinnfreie Tätigkeiten, die nach Arbeit aussehen, wie das ständig wiederholte Sortieren von Akten oder das Spitzen ohnehin gespitzter Bleistifte. Statt zu arbeiten verfällt man in einen gewissen Aktionismus. Dies führt allerdings nicht zu dem gewünschten Effekt. Teilweise suchen die Betroffenen so dringend nach einer sinnvollen Aufgabe, dass sie abends ebenso ausgelaugt sind wie wenn sie den ganzen Tag unter enormen Stress gestanden hätten.

Depressionen sind dabei sozusagen die letzte Station. Schon vorher ähneln die Symptome denen des Burnouts. Antriebslosigkeit, Schlafstörungen, Niedergeschlagenheit und fehlende Lebensfreude gehören zu den typischen Krankheitsbildern.

Soweit muss es nicht kommen. Wichtig ist, dass Sie sich und Ihren Job immer hinterfragen. Fühlen Sie sich unterfordert oder ist Ihre Arbeit zu eintönig, kann ein Gespräch mit dem Vorgesetzten helfen, den Arbeitsbereich zu erweitern oder mehr Verantwortung zu übernehmen. Ansonsten kann es helfen, die Arbeitszeit zu reduzieren. Dadurch verdienen Sie zwar etwas weniger Geld, Ihrer Psyche wird das aber zuträglich sein. Als letzte Konsequenz hilft nur noch die Kündigung. Aber rechtzeitig angesprochen ist dieser Schritt meistens nicht notwendig.

Autor: Christian Riedel
Erschienen bei: www.businessandmore.de
Veröffentlicht mit freundlicher Genehmigung der NETLETIX GmbH